中国丝绸之路上的墓室壁画

东部卷·江苏、浙江、福建、广东分卷

丛书主编：汪小洋
副 主 编：姚义斌　赵晓寰
编　　著：邓新航

东南大学出版社
·南京·

内 容 提 要

苏、浙、闽、粤是海上丝绸之路上的重要省份，其海上贸易和文化交流发端早，持续时间长，影响深远，并在墓室壁画中得到较为明显的体现。本区域墓室壁画在表现形式、分布范围，以及表现内容等方面，随时代发展而有所不同，主要集中于三个时期：汉代，以江苏徐州等地的画像石墓为主，其表现内容颇为丰富，涉及现实生活和神灵世界的方方面面；六朝时期，以江苏南京地区为中心的画像砖墓最为突出，由于佛教的盛行，不少与佛教相关的题材如莲花纹、飞天、佛像、狮子等在画像砖墓中得已借用，为丧葬文化注入了新的元素；宋代，墓室壁画的重心则转向福建三明市等地，以彩绘壁画墓为多，其表现内容的最大特点是世俗化和生活化，地域性特色十分鲜明。

图书在版编目(CIP)数据

中国丝绸之路上的墓室壁画. 东部卷. 江苏、浙江、福建、广东分卷/邓新航编著. —南京：东南大学出版社，2017.9
 ISBN 978-7-5641-7433-0

Ⅰ. ①中… Ⅱ. ①邓… Ⅲ. ①墓室壁画—研究—中国 Ⅳ. ①K879.414

中国版本图书馆 CIP 数据核字(2017)第 222142 号

出版发行：东南大学出版社
社　　址：南京市四牌楼 2 号　　邮编：210096
出 版 人：江建中
网　　址：http://www.seupress.com
电子邮箱：press@seupress.com
经　　销：全国各地新华书店
印　　刷：江苏凤凰扬州鑫华印刷有限公司
开　　本：889mm×1194mm　1/20
印　　张：9.2
字　　数：179 千字
版　　次：2017 年 9 月第 1 版
印　　次：2017 年 9 月第 1 次印刷
书　　号：ISBN 978-7-5641-7433-0
定　　价：58.00 元

本社图书若有印装质量问题，请直接与营销部联系。电话(传真)：025-83791830

江苏"十三五"重点出版物出版规划项目

江苏省文化产业引导资金文化艺术精品补助项目

前　言

汪小洋

丝绸之路，顾名思义就是与丝绸相关的贸易之路。历史长河的漫漫岁月中，这条贸易之道早已成为沿路各方文化交流的通衢大道，在商贸之外还承担了军事、政治和民族等多方面的东西方文化交流，乃至南北方文化交流的历史重担。"大漠孤烟直，长河落日圆"，这是通衢大道的自然形态，也是艺术家眼中美轮美奂的景象。诗人笔下的丝绸之路是如此的遥远，也是如此的神秘，也因此而成为一条充满豪情、弥漫浪漫和令人翩翩浮想的艺术大道。在这里，除了人们耳熟能详的边塞诗歌、佛教石窟之外，墓室壁画也为丝绸之路奉上了一串璀璨明珠。

丝绸之路由官方正式开启的时间是汉武帝时期，史称"凿空"。汉武帝派遣张骞两次出使西域，最初的目的是联合大月氏共同打击匈奴而解边患，这显然是一个军事活动。之后，丝绸之路更加畅通，军事活动、商业活动、宗教活动、艺术活动，乃至民族迁徙，东西方之间的各种文化交流成为常态。《尚书·禹贡》记："东渐于海，西被于流沙，朔南暨，声教讫于四海。"从中国本土文化的发展看，东渐西被可以用来形容丝绸之路上的文化交流走向。

在丝绸之路的东西文化交流中，人们常常讨论东渐的外来文化，而对西被的本土文化则关注不多。其实，借助东方大帝国的强大政治和军事力量，以及悠久历史建立起来的高度文明，本土文化在丝绸之路的文化交流中有着明确的主导性，东渐的外来文化可以获得最大限度的包容并被迅速本土化，西被的本土文化也可以声教讫于四海而到达遥远的地方。丝绸之路上的墓室壁画也是这样，一方面，有东渐的外来文化，也有西被的本土文化，但在这一载体上进行的文化交流中，本土文化占主导地位；另一方面，墓室壁画完全是在重生信仰指导下完成的艺术行为，因此墓室壁画中本土文化的主导性更强。这样的语境下，墓室壁画描述重生信仰的宗教体验，墓室壁画成为汉以后最纯粹的本土宗教艺术载体，也因此使我们能够在认识佛教东渐并全面影响我国传统文化的时候有一个明确的参照系。这一现象的存在，是墓室壁画对中国传统文化的一个重要贡献。

从中国传统艺术发展史看，墓室壁画有着很高的艺术价值。中国传统绘画有两种流传方式：一是传世作品，一是考古作品，考古作品主要来自墓室壁画。墓室壁画是考古作品，因此这一美术作品的可靠性大大提高；同时，已有考古成果的绘画面积逾万平方米，墓室壁画体量是如此巨大，这是其他绘画类型所不可企及的。

从考古成果看，中国墓室壁画的遗存近一半在丝绸之路上，时间上也是从西汉沿革到清代，贯穿始终。中国墓室壁画有彩绘壁画、砖石壁画、帛画、棺板画等类型，这些类型的遗存在丝绸之路上都有发现，并且达到了很高的艺术水准。中国最早的黄帝图像和最早的山水画图像等，也都是出现在墓室壁画中。此外，墓室壁画具有非常突出的综合性艺术价值，可以提供宗教美术、美术考古，以及建筑、材料等各方面的历史信息，这些都是以史为证的支撑材料。

从世界艺术发展史看，中国墓室壁画也有着独特的贡献。目前墓室壁画遗存集中的只有三个国家，就是中国、埃及和墨西哥三国。埃及墓室壁画比中国早，法老时代走向辉煌，但之后希腊、罗马统治时代就式微了。墨西哥墓室壁画发展很晚，后来也被西方殖民主义者打断了。中国墓室壁画自西汉开始一直沿革到清代，从帝王到平民的各个阶层都曾以极大的热情参与墓室壁画的丧葬活动之中，并且地域分布广泛。从艺术发展的连贯性和广泛性看，中国墓室壁画具有世界性的不可比拟的价值。

墓室壁画是中国较纯粹的本土传统艺术，也是具有世界不可比拟的传统艺术，当然也是丝绸之路上的一座叹为观止的艺术高峰。

2017 年 3 月于东南大学

Preface

Wang Xiaoyang

    The Silk Road was an ancient network of trade routes, linking China with the West. In history, the Silk Road was a main thoroughfare for the exchange of culture and goods between the East and West and between the North and the South as well. 'Over the Great Desert, a lone straight column of smoke rises up; On the long river, the setting sun is round.' The above two lines from a poem by the famous poet and painter Wang Wei (701—761) vividly depict the natural environment and beautiful landscape of the Great Desert along the Silk Road. The Silk Road under the pen of Wang Wei appears remote and mysterious; indeed, it is a great road of art filled with enthusiasm, romanticism and inspiration. Here, apart from the well-known frontier poetry and Buddhist grottoes, tomb murals offer themselves as a long string of shining beads threading through the Silk Road.

    The Silk Road, known in history as *zaokong* or '(a road) chiseled out of nothing', was officially opened during the reign of Emperor Wu of the Han Dynasty (141 BC-87 BC) The Emperor dispatched Zhang Qian (114 BC) to the Western Regions twice with a view to forming allegiance with the Tokharians to fight against their common foe—the Xiongnu. The mission undertaken by Zhang Qian to the Western Regions was obviously a diplo-military one. From then onwards, the Silk Road became an ever-increasingly open and free road for commercial, religious and artistic activities, and ethnic migrations and East-West cultural communications along the Silk Road grew to be a normal phenomenon. The 'Tribute of Yu' of the Book of Documents notes: 'Reaching eastwards to the sea; extending westwards to the moving sands; to the utmost limits of the north and south; his fame and influence filled up (all within) the four seas'. From the perspective of native Chinese culture, 'reaching eastwards and extending westwards' is a true portrayal of cross-cultural communications along the Silk Road.

When talking about the East-West cultural exchange, people tend to focus on foreign cultures reaching eastwards to China with little attention given to Chinese culture extending westwards. Actually, backed by the politico-military forces of the powerful empire in the East and its long-lasting highly developed civilization, Chinese culture played an absolutely dominant role in the exchange of culture along the Silk Road: foreign cultures from the West were quickly sinicised and absorbed into Chinese culture; and Chinese culture extended as far as the four seas and made its influence felt in extremely remote areas. This is also the case with murals found in the tombs along the Silk Road. On the one hand, there are not only elements of foreign cultures from the West in the tomb murals but also elements of native Chinese culture, which feature more prominently in the murals; on the other hand, the tomb murals resulted from the artistic activities conducted entirely in line with Han Chinese belief in the afterlife, hence the dominant role of Chinese culture in creating tomb wall paintings. In this context, Han tomb murals describe the religious experience of the afterlife; they have been the purest conveyor of native Chinese art since the Han Dynasty, for they provide a well-defined reference system by which to compare and contrast with the Chinese traditional

art created under the influence of Buddhism from the Western Regions. This is the great contributions of Han tomb murals to traditional Chinese culture.

Tomb murals have very high artistic value from the perspective of the historical development of Chinese art. There are two types of traditional Chinese paintings—those handed down from ancient times, and those excavated from archaeological sites that come mostly in the form of tomb murals. As archaeological artifacts, tomb murals are more reliable fine art works from ancient China compared with paintings handed down to us. Moreover, murals that have been found so far in excavated tombs cover a total area of more than ten thousand square metres, which has been unmatched by any other form of paintings from ancient China.

Nearly half of the tomb murals are found from the burial sites along the Silk Road that span more than 2,000 years from the Western Han Dynasty (206 BC—25 AD) till the Qing Dynasty (1644—1911). Chinese tomb murals mainly come in such forms as coloured paintings on walls, paintings on stones, bricks and silk, and on coffin boards as well, as shown in the numerous archaeological finds along the Silk Road, and have reached a very high artistic level. The earliest known portrait of Huangdi (the Yellow Emperor) and landscape paintings were all drawn on tomb walls. Besides, tomb murals have an enormous value as an comprehensive art. They contain historical information regarding religious fine art, fine art archaeology, architecture, building material, etc., and provide material evidence for history as documented in written texts.

Chinese tomb murals make a unique contribution to the historical development of the world's fine art. Archaeological finds of tomb murals are concentrated in China, Egypt and Mexico. Tomb murals from ancient Egypt are older than those from ancient China. They flourished most of the time of the pharaohs (3050 BC—30 BC), and declined when Egypt came under Greek and Roman rule. Mexican tomb murals developed later than their Chinese counterparts, but their development was interrupted by Western colonialists. In contrast, tomb mural paintings began to appear in China during the Western Han Dynasty and continued to be drawn into the Qing Dynasty. People of all walks of life from emperors and kings to commoners were enthusiastically involved in tomb mural related funeral activities. Chinese tomb murals enjoy wide distribution and historical continuity. As the purer form of native Chinese art, they are of matchless value in the treasures of art in the world. And of course, they are a peak of Chinese art on the Silk Road.

March 2017
Jiulonghu Campus, Southeast University
Nanjing, China

目　录

前言
Preface

第一章　概述 … 1
　第一节　地域界定 … 2
　　一、历史沿革 … 2
　　二、当代行政区划 … 5
　　三、本书的范围 … 6
　第二节　遗存梳理 … 7
　　一、遗存的总体数量 … 7
　　二、遗存的地域分布 … 8
　　三、遗存的阶段分布 … 9
　第三节　形制类型 … 10
　　一、墓室形制类型 … 10
　　二、壁画形制类型 … 12
　第四节　题材内容 … 13
　第五节　海上丝绸之路对墓室壁画的影响 … 14

第二章　汉代墓室壁画 … 18
　第一节　遗存梳理 … 19

一、遗存的总体数量　　　　　　　　　　　　　　　19
　　二、遗存的地域分布　　　　　　　　　　　　　　　19
　　三、遗存的阶段分布　　　　　　　　　　　　　　　20
　第二节　形制类型　　　　　　　　　　　　　　　　　21
　　一、墓室形制类型　　　　　　　　　　　　　　　　21
　　二、壁画形制类型　　　　　　　　　　　　　　　　24
　第三节　题材内容　　　　　　　　　　　　　　　　　27
　　一、现实生活类　　　　　　　　　　　　　　　　　27
　　二、历史人物类　　　　　　　　　　　　　　　　　44
　　三、宗教思想类　　　　　　　　　　　　　　　　　49
　　四、装饰纹样类　　　　　　　　　　　　　　　　　61
　第四节　海上丝绸之路对汉代墓室壁画的影响　　　　　63

第三章　六朝墓室壁画　　　　　　　　　　　　　　　　67
　第一节　遗存梳理　　　　　　　　　　　　　　　　　68
　　一、遗存的总体数量　　　　　　　　　　　　　　　68
　　二、遗存的地域分布　　　　　　　　　　　　　　　69
　　三、遗存的阶段分布　　　　　　　　　　　　　　　69
　第二节　形制类型　　　　　　　　　　　　　　　　　71
　　一、墓室形制类型　　　　　　　　　　　　　　　　71
　　二、壁画形制类型　　　　　　　　　　　　　　　　77
　第三节　题材内容　　　　　　　　　　　　　　　　　78
　　一、竹林七贤与荣启期　　　　　　　　　　　　　　79

二、镇墓辟邪类	86
三、现实生活类	101
四、宗教思想类	110
五、装饰纹样类	128
第四节 海上丝绸之路对六朝墓室壁画的影响	130

第四章 隋唐五代宋元明墓室壁画 — 135

第一节 遗存梳理 — 136
  一、遗存的总体数量 — 136
  二、遗存的地域分布 — 136
  三、遗存的阶段分布 — 137

第二节 形制类型 — 139
  一、墓室形制类型 — 139
  二、壁画形制类型 — 142

第三节 题材内容 — 143
  一、现实生活类 — 143
  二、宗教思想类 — 156
  三、装饰纹样类 — 167

第四节 海上丝绸之路对隋唐五代宋元明墓室壁画的影响 — 170

第一章 概述

江苏、浙江、福建和广东作为海上丝绸之路上的重要省份,自古以来就与周边国家发生海上交通和贸易往来。因此,不同民族、不同文化也在交流传播中相互碰撞。与陆上丝绸之路相比,海上丝绸之路可能兴起稍晚一些,但其影响却远远高于陆上丝绸之路①,其重要作用体现在:"先是东西方开辟了通向印度的航路,不久出现了从中国广州通向阿拉伯帝国的巴格达航线,后来泉州港兴起,又开辟了通向亚历山大港的直航线路;最后是长江下游的宁波、上海等港口兴起,从而与地中海边的威尼斯、热那亚等诸港口城市并列,交相辉映,无比繁荣,从此,海上丝路已成为东西方交往的重要途径。"②

从汉代至明代,江苏、浙江、福建和广东等沿海地区遗留了丰富的墓室壁画遗存,这些墓室壁画是中国艺术史上的珍宝,它们应在中国艺术史中占据重要地位。

第一节 地域界定

一、历史沿革

江苏省 江苏作为一个行政区域只有300多年,但江苏地区的历史非常悠久。现已发现江苏境内的古人类化石和旧石器遗存的年代最早为距今35万年左右,如苏南宁镇山脉地区和南京东郊汤山溶洞中发现的南京人③。夏商周时期,江苏大致分为两部分,苏北地区分属徐州和青州,淮南和江南分属扬州。春秋时期,江苏分属吴、楚、宋,战国时为越、楚、齐的一部分,后归属楚国,江苏境内的大国是吴国、越国和后来的楚

---

① 刘明金:《中国陆海两条丝绸之路比较》,《湛江海洋大学学报》2003年第2期。
② 卢苇:《中外关系史》,兰州大学出版社,1996年,第2-3页。
③ 张之恒:《江苏史前考古的发现和研究》,《东南文化》2006年第2期。

国。秦朝统一中国后实行郡县制,江苏江北之地为泗水郡、东海郡和琅邪郡,江南之地为鄣郡和会稽郡。汉代郡国并行,江苏分属扬州、徐州刺史部和吴、楚等诸侯国。两晋南北朝时期,政权更替颇为频繁,但南方先后建立的东吴、东晋、宋、齐、梁、陈等政权的重心大都在江苏地区。隋朝建立之初,江苏境内分属苏州、常州、蒋州、润州、扬州、方州、楚州、海州和徐州。贞观元年分全国为十道,江苏分属河南、淮南和江南三道。北宋时期,江苏分属两浙路、江南东路、淮南路、京东东路和京东西路。南宋时期,江苏分属两浙路、江南东路和淮南东路,淮河以北则为金人占领。元朝,江苏长江以南属于江浙行省,以北属于河南行省。明朝,江苏境内分置应天府、淮安府、扬州府、苏州府、常州府等。清初,改明代的南直隶(即南京)为江南省,康熙六年(1667)分江南省为江苏和安徽两省,此为"江苏"得名之始①。

浙江省 浙江的地名,因有曲折绵延的浙水(又名浙江)而得名。浙水古有浙溪、浙江、渐河、之江等多个名称。实际上,浙江是浙江境内多条江河溪水汇流入海的河流的总称。"浙江"的地名因水而来,但"浙江省"的名称却成型较晚。其政区沿革的历史可追溯到夏、商、周。春秋战国的吴、越、楚三国先后拥有这片土地。公元前221年,秦始皇统一中国,分天下为三十六郡,浙江地域分属于会稽郡与闽中郡。汉承秦制,浙江仍属会稽郡,但辖区扩大,几乎涵盖浙江全境,其郡治也从吴县(今苏州)迁移到了山阴(今绍兴)。其后分分合合,归属多变。直到唐肃宗乾元年间(758—760),始设"浙江东道"和"浙江西道"。浙江东道辖越、衢、婺、温、台、明、处七州,浙江西道辖苏南、浙北地区。五代时期,钱镠在浙江称王,号吴越国。钱氏"纳土归宋"以后,宋置两浙路,至神宗熙宁年间(1068—1077)又分置浙东路、浙西路。元末明初,置浙江等处行中书省,后改浙江布政使司,至清康熙初年,才确立了浙江省名②。

---

① 参见汪小洋、徐四海、姚义斌主编:《江苏地域文化概论》,东南大学出版社,2011年,第7-11页;江苏省地方志编纂委员会编:《江苏省志·地理志》,江苏古籍出版社,1999年。
② 吴光主编:《中国地域文化通览·浙江卷》,中华书局,2014年,第1-2页。

福建省 福建，据《禹贡》记载属扬州。在周朝为七闽地，春秋以后为闽越地。秦兼并天下，南平百越，置闽中郡，中央政权始达于福建。西汉始元二年（前85）始，汉廷在福州设立冶县，属会稽郡，这是福建历史上的第一个县。东吴从建安元年（196）开始，至257年，闽中方归孙权。三国时属吴国，设建安郡，辖建安、南平、将乐、建平（建阳）、东平（松溪）、昭武、吴兴（浦城）以及侯官、东安（南安、同安）共9县。自晋宋至齐梁，福建初属于扬州，至普通六年（525），福建属下的建安、晋安、南安三郡又归东扬州管辖。陈朝永定时，陈武帝为羁縻陈宝应而设"闽州"，这是福建历史上第一个省级建制。隋大业三年（607），把建安、晋安、南安三郡合并为一，称建安郡；原设置的15个县裁并为四（即闽县、建安、南安、龙溪）。唐朝，福建属江南道。景云二年（711），立闽州都督府，领有闽、建、泉、漳、潮五州。开元十三年（725），闽州都督府改称福州都督府，隶属于江南东道，为福州名称出现之始。开元二十一年（733），为加强边防武装力量，设立军事长官经略使。从福州、建州各取一字，名为福建经略军使，与福州都督府并存，这是福建名称出现之始。五代十国时期，福建先后为闽、殷、南唐、吴越各国所据，区划名称几经变迁。北宋时期，置福建路，行政区划为福、建、泉、漳、汀、南剑六州及邵武、兴化二军。南宋孝宗时升建州为建宁府。元朝时期，置福建等处行中书省。明朝洪武元年（1368），福建全省八路改为福州、建宁、延平、邵武、兴化、泉州、漳州、汀州八府。清代，福建区划继承明制，设福建布政使司[①]。

广东省 距今约12.9万年以前，岭南出现了早期古人。秦始皇三十三年（前214）秦统一岭南，设南海郡、桂林郡和象郡，下辖番禺、四会、博罗、龙川、揭阳五县，这是广东历史上第一次划分政区。汉承秦制。西汉初龙川县令赵佗建南越国，统辖岭南地区。西汉武帝元鼎六年（前111），汉军平定南越国。汉武帝元封元年（前110），西汉

[①] 卢美松主编：《中国地域文化通览·福建卷》，中华书局，2013年，第1-9页。

在岭南置交趾刺史部，领南海、苍梧、合浦等7郡37县。三国孙吴黄武五年（226），交广分治，合浦以北为广州，辖南海、苍梧、郁林、高凉4个郡，此为广州得名之始。东晋时期，今两广大部为广州所辖，横跨闽、粤、桂三省区。南朝统治者对俚人（越族）实行"羁縻"政策，在原地大量封官，导致州、郡数猛增。增设的州、郡、县多集中在粤中、粤西、粤北地区，粤东地区设置较少。唐初，地方设州、县。岭南45州分属广州、桂州、容州、邕州、安南5个都督府。862年，岭南道划分为东、西道，东道治广州，广东属岭南东道，这是广东省名中"东"字的由来，也是两广分为东西的开始。五代十国时期，岭南为南汉王刘氏占据，升广州为兴王府，在州县稀疏的粤东和粤北，增置1府4州。宋朝对唐制有所继承又有所调整。元朝将广东分为广东道和海北海南道。明朝洪武二年（1369），改广东道为广东等处行中书省，并将海北海南道改隶广东，广东成为明朝的十三行省之一，广东省区域轮廓自此基本形成。清初承袭明制，地方行政机关分省、道、府、县4级，但将明时的布政使司正式改称为省。"广东省"名称正式使用，所辖范围与明广东布政使司相同[①]。

二、当代行政区划

江苏省 1949年，南京市由中央人民政府直辖，南京市成为中央直辖市，以长江为界分置苏南和苏北两行署区。1952年，重建江苏省，撤销行署，南京改为省辖市。以后行政区划有多次调整，现今江苏省设南京、无锡、徐州、常州、苏州、南通、连云港、淮安、盐城、扬州、镇江、泰州、宿迁等13个地级市，分辖105个县（市、区），其中24个县，26个县级市，55个市辖区[②]。

浙江省 浙江省下辖杭州、宁波、温州、嘉兴、湖州、绍兴、金华、衢州、舟山、台州、丽水11个设区市，其中杭州、宁波为副省级城市、其余9个市为地市级。下分

---

① 司徒尚纪主编：《中国地域文化通览·广东卷》，中华书局，2014年，第7-9页。
② 江苏省测绘局编制：《江苏省地图册》，中国地图出版社，2011年。

90个县级行政区,包括32个市辖区、22个县级市、35个县、1个自治县。再下分为乡级行政区,截至2011年年底时共有1 346个,包括654个镇、290个乡(包括14个民族乡)和402个街道办事处。22个县级市名义上直属省政府,由设区市管理①。

福建省 1949年,福建省人民政府驻福州市,直辖福州、厦门2市,分设8个专区、67县。以后行政区划有多次调整,现今福建省辖厦门市1个副省级市,设福州市、泉州市、漳州市、南平市、三明市、龙岩市、莆田市、宁德市8个地级市,共包括28个市辖区,13个县级市,44个县(含金门县)②。

广东省 1949年,广东省人民政府正式成立,广州市成为中央直辖市。1954年,广东省改由中央直接领导,原由中央直辖的广州市划归广东省管辖。以后行政区划有多次调整,现今广东省下辖21个地级市,划分为珠三角、粤东、粤西和粤北四个区域,其中珠三角:广州、深圳、佛山、东莞、中山、珠海、江门、肇庆、惠州;粤东:汕头、潮州、揭阳、汕尾;粤西:湛江、茂名、阳江;粤北:韶关、清远、云浮、梅州、河源③。

三、本书的范围

若没有特别说明,为便于分析和查找,本书的讨论范围以现今的行政区划为主。此外,从时间和地域来看,由于东南沿海城市墓室壁画的遗存分布很不均衡,时间上也有严重的缺环,因此,本书重点选取了江苏、浙江、福建和广东四个地区,并对这四省墓室壁画遗存的数量、分布、题材内容等方面进行整体介绍和阐述。

---

① 浙江省测绘局编制:《浙江省地图册》,中国地图出版社,2013年。
② 福建省测绘局编制:《福建省地图册》,中国地图出版社,2013年。
③ 广东省测绘局编制:《广东省地图册》,中国地图出版社,2013年。

第一章 概述

第二节 遗存梳理

作为海上丝绸之路上的重要省份，江苏、浙江、福建和广东拥有大量的墓室壁画遗存①。这四省墓室壁画的大规模发现与研究，肇始于新中国成立之后，尤以江苏徐州地区的汉画像石墓最为突出。自 1952 年以来，江苏省的考古人员先后在铜山、睢宁县、邳州市、新沂市和沛县等地，保护性地发掘了一批汉画像石墓。同时在南京地区也发掘了一批六朝时期的画像砖墓。此后考古人员陆续有新的墓室壁画发现。这些墓室壁画的时间跨度很大，墓室形制多变，分布地域广泛，题材内容丰富，在中国艺术史上占有极其重要的地位。

一、遗存的总体数量

据不完全统计，从新中国成立以来至今，江苏、浙江、福建和广东四省共发现和发掘的墓室壁画已有 236 座，其中有纪年的约 50 余座。最早的纪年墓是东汉元和三年（86）江苏徐州铜山汉王乡画像石墓②，最晚的纪年墓是元延祐七年（1320）江苏徐州大山头元代画像石墓③，这些纪年墓多集中于魏晋时期。

从墓室壁画的年代分布来看，江苏、浙江、福建和广东四省最为集中的年代是六朝时期，共 147 座，占墓室壁画总数的 62.29%。其次是汉代，共 52 座，占墓室壁画总数的 22.03%。再次是宋代，共 21 座，占墓室壁画总数的 8.90%。最后，隋代、唐代、

---

① 目前，狭义的墓室壁画仅指用笔绘在壁面上的彩色图像；广义的墓室壁画还包括画像石、画像砖、砖雕和线刻画等具有图像的艺术形式。本书取其广义，特此说明。
② 燕林、国光：《徐州发现东汉元和三年画像石》，《文物》1990 年第 9 期。
③ 邱永生、徐旭：《江苏徐州大山头元代纪年画像石墓》，《考古》1993 年第 12 期。

五代、元代和明代则少有墓室壁画的发现。

从墓室壁画的艺术形式来看，江苏、浙江、福建和广东四省最多的是画像砖墓，共有155座，包括汉代4座、六朝147座、隋代1座、唐代2座和宋代1座；其次是画像石墓，共有49座，包括汉代46座、宋代2座①和元代1座；壁画墓最少，共有32座，包括汉代2座、唐代3座、五代5座、宋代18座、元代3座和明代1座。

二、遗存的地域分布

从遗存的地域分布情况来看，江苏、浙江、福建和广东四省墓室壁画的分布并不均衡。

江苏省的墓室壁画最多，共有163座，且集中出现在汉代和六朝。汉代以画像石墓为主，六朝则全是画像砖墓，仅有少数残有彩绘。江苏省目前仅发现5座壁画墓②。从该省行政区划的遗存分布来看，苏南地区有106座，其中南京90座、镇江7座、常州6座、无锡2座和苏州1座；苏北地区有53座，其中徐州38座、淮安7座、连云港6座和宿迁2座；苏中地区仅扬州有4座。

福建省的墓室壁画不多，共有39座，且集中出现在六朝和宋代。六朝以画像砖墓为主，宋代以壁画墓为主，福建省目前没有发现画像石墓。从该省行政区划的遗存分布来看，闽西地区的三明有15座、闽北地区的南平有14座、闽中地区的福州有7座、闽南地区的泉州有3座。

浙江省的墓室壁画遗存少于福建，共有30座，且集中出现在六朝时期，另汉代和

---

① 江苏江阴市青阳镇里泾坝宋墓和江苏金坛南宋周瑀墓在棺椁上刻有丰富画像，这里将其归入画像石墓的范围（翁雪花、刁文伟：《江苏江阴市青阳镇里泾坝宋墓》，《考古》2008年第3期；肖梦龙：《江苏金坛南宋周瑀墓发掘简报》，《文物》1977年第7期）。

② 这5座壁画墓是：徐州黄山陇东汉壁画墓，南唐高祖李昪钦陵和中祖李璟顺陵，江苏淮安宋代一号、二号墓（葛治功：《徐州黄山陇发现汉代壁画墓》，《文物》1961年第1期；南京博物馆：《南唐二陵》，文物出版社，1957年；罗宗真：《江苏淮安宋代壁画墓》，《文物》1960年第8、9合期）。

晚唐五代时期也有若干颇为重要的墓室壁画。这些遗存主要集中在三个地区，即杭州市26座、湖州市3座、嘉兴市1座。

广东省的墓室壁画遗存最少，仅4座，其中韶关2座、广州1座和浮云1座。具体是西汉前期广州象岗南越王墓①，广东新兴县南朝墓②，唐代韶关张九龄墓③和宋代韶关市郊13号墓④。其中广州象岗山的南越王墓是我国最早的壁画墓之一⑤，这是广东地区的特殊贡献。

三、遗存的阶段分布

从江苏、浙江、福建和广东四省墓室壁画的历史发展情况来看，不同时期墓室壁画的遗存数量并不均衡。尤其是隋唐以来，由于国家政治、经济中心的转移，这四省少有墓室壁画遗存的发现，但宋代在福建省又出现了一个壁画墓小高潮。现将这四省的墓室壁画遗存初步分为三个发展阶段。

第一阶段：汉代

江苏、浙江、福建和广东四省汉代的墓室壁画共发现52座，其中绝大部分为画像石墓，画像砖墓和壁画墓仅有少量遗存。进一步来看，这些遗存主要集中出现在以江苏徐州、连云港等为中心的苏北地区，苏南地区的南京也发现4座东汉晚期的画像砖墓。此外，浙江湖州和嘉兴发现4座画像石墓，广东广州发现1座壁画墓，福建省没有发现

---

① 广州象岗汉墓发掘队：《西汉南越王墓发掘初步报告》，《考古》1984年第3期；广州市文物管理委员会、中国社会科学院考古研究所、广东省博物馆：《西汉南越王墓》，文物出版社，1991年。
② 古运泉：《广东新兴县南朝墓》，《文物》1990年第8期。
③ 广东省文物管理委员会、华南师范学院历史系：《唐代张九龄墓发掘简报》，《文物》1961年第6期。
④ 杨豪：《广东韶关市郊古墓发掘报告》，《考古》1961年第8期。
⑤ 另一处西汉前期的壁画墓是河南永城芒山柿园的梁王墓，其墓主可能为梁共王刘买（阎道衡：《永城芒山柿园发现梁国国王壁画墓》，《中原文物》1990年第1期；河南省文物考古研究所编：《永城西汉梁国王陵与寝园》，中州古籍出版社，1996年）。

汉代墓室壁画遗存。

第二阶段：六朝时期

六朝时期是江苏、浙江、福建和广东四省墓室壁画发展的繁荣期，此阶段目前所发现的全为画像砖墓，共发现 147 座。这些遗存集中出现在以南京为中心的苏南地区，另在浙江杭州以及福建闽北南平和闽中福州等地也集中发现一批画像砖墓。

第三阶段：隋唐五代宋元明时期

由于政治、经济和文化中心向中原北方地区转移，因此，该四省在此阶段的墓室壁画遗存不多，时间上也有严重缺环，仅有 37 座，包括隋代 1 座、唐代 5 座、五代 5 座、宋代 21 座、元代 4 座和明代 1 座。但这 37 座遗存大部分为壁画墓，前一阶段比较流行的画像石墓和画像砖墓则比较少见。从时空分布上看，这些壁画墓有 21 座为宋、元时期遗存，而且大都集中于福建三明市，表明该地区是南方宋元墓室壁画的集中区域，这可能和北方人员大量南迁福建有关①。目前，这四省在国力强盛、文化艺术繁荣的唐代仅发现 3 座壁画墓②，其中原因值得探讨。

第三节　形制类型

一、墓室形制类型

从西汉前期广州象岗山南越王壁画墓开始，至明代浙江嘉善壁画墓为止，江苏、浙

---

① 吴敬：《南方地区宋代墓葬研究》，社会科学文献出版社，2015 年，第 153 页。
② 广东 1 座，浙江 2 座。参见广东省文物管理委员会、华南师范学院历史系：《唐代张九龄墓发掘简报》，《文物》1961 年第 6 期；陈元甫、伊世同：《浙江临安晚唐钱宽墓出土天文图及"官"字款白瓷》，《文物》1979 年第 12 期；明堂山考古队：《临安县唐水邱氏墓发掘报告》，载浙江省文物考古所编著：《浙江省文物考古所学刊》，文物出版社，1981 年。

江、福建和广东四省墓室壁画的发展历史有1500余年。在这期间，由于墓葬观念、墓葬仪式和地面建筑格局等诸多方面的变化，墓室形制也在不断地发生着调整和改变。

汉代，在先秦时期就已产生的祖先崇拜和鬼魂崇拜观念在这时有了较大发展，阴阳五行、谶纬迷信和神仙方术等诸种宗教迷信思想渗透到社会的各个方面，人们普遍相信灵魂不灭，故厚葬之风盛行。汉代的墓室建造往往仿造墓主人生前的住宅建筑，因此，本区域比较流行的是双室墓和多室墓，且不同的墓室有不同的功能，不少墓室还附带耳室，甚至还建有回廊，其结构颇为复杂。较为典型者如徐州十里铺汉画像石墓，该墓为砖石混合结构的大型多室墓，全长十五余米，墓室平面布局呈十字形，前、中、后三主室同置于中轴线上，侧室左右对称，属传统的中轴对称布局风格，这与汉代的住宅建筑基本一致①。此外，由于中大型墓葬一般从开凿墓穴、石材加工与安装，到墓砖烧造砌成墓室的一系列过程，需要花费相当大的人力、物力和财力，所以对于那些普通百姓而言，花费较少的小型单室墓是他们的首选。

六朝时期，由于战乱频繁，社会极不稳定，加之曹魏统治者曹操和曹丕父子提倡薄葬，如《晋书》卷二十《礼中》载曹操死前遗诏"天下尚未安定，未得遵古。葬毕便除。其将兵屯戍者，不得离部。有司各率乃职"。因此，六朝画像砖墓的墓室平面布局简化，以单室墓为主，汉代流行的双室墓和多室墓比较少见，另主室附带耳室的情况也仅见于六朝初期。但在墓室中仍出现砖砌的角柱、棂窗、灯台、灯龛等仿地面建筑的内容②。此时的单室墓由甬道和长方形墓室组成，其平面多呈凸字形，另有不少中大型墓的墓壁呈弧形。江苏是六朝政治、经济和文化的中心所在地，故该地区南朝帝王级别陵墓多有发现。这些陵墓在建筑结构上的突出特点有三：第一，全为单室的大型穹隆顶砖室墓，墓室内均以整幅的大型壁画砖拼成；第二，墓门均为石砌，门额呈半圆形，拱上

---

① 江苏省文物管理委员会、南京博物院：《江苏徐州十里铺汉画象石墓》，《考古》1966年第2期。
② 徐吉军、贺云翱：《中国丧葬礼俗》，浙江人民出版社，1991年，第248页。

浮雕人字拱；第三，墓前均有长长的排水沟①。值得一提的是，砖拼壁画是一种带有鲜明六朝地域特色与时代特征的墓室壁画艺术。

隋唐五代时期，这四省墓室壁画的遗存数量较少，时断时续，没有什么规律可循。但值得一提的是南京南唐二陵的发现，考古报告称其在建筑学上的价值有三：其一，在布局方面，此二陵不仅有前、中、后三室，且每室又附有便房二间至六间不等；其二，在结构方面，此二陵除了石室以外，还有砖室，结构方法比较复杂；其三，在装饰方面，此二陵不但有浮雕，模仿木建筑雕出柱枋斗拱等，并且还施有建筑彩绘，这比莫高窟第130号窟的彩绘前廊还早三十多年②。此外，在浙江也发现数座规模较大的吴越时期的钱氏家族壁画墓。

宋元明时期，这四省墓室形制也不复杂，墓室规格多在五米之下，且多为砖室墓，砖室墙壁是墓室壁画的基本载体。这一时期比较流行的是双室墓和单室墓，双室墓还可分为前后双室和并列双室两种类型，以并列双室为多，且多是夫妻合葬墓。比较独特的是在广东韶关发现了一座上下两层的单室墓③。

明清以来，这四省鲜见墓室壁画遗存，可见墓室壁画走向了衰落。

二、壁画形制类型

江苏、浙江、福建和广东四省的墓室壁画主要有三种艺术表现形式：画像石、画像砖和彩绘壁画，但不同时期还有各自特点。

汉代以画像石墓为主，画像砖墓和壁画墓仅有少量遗存。

六朝时期几乎全为画像砖墓，另在少数大型画像砖墓中可能同时存在彩绘壁画，但由于南方天气潮湿，加之年代久远，现基本不存。

---

① 罗宗真：《六朝考古》，南京大学出版社，1994年，第87-88页。
② 会昭燏、张彬：《南京牛首山南唐二陵发掘记》，《科学通报》1951年第5期。
③ 杨豪：《广东韶关市郊古墓发掘报告》，《文物》1961年第8期。

隋唐五代宋元明时期以壁画墓为主，另在少数墓葬的棺椁上刻有画像，元代在徐州地区还发现了1座极为珍贵的纪年画像石墓。

第四节 题材内容

墓室壁画的题材内容是古人墓葬宗教信仰、现实生活和审美方式等诸多方面的反映。在古代实物不存的情况下，这些图像为我们研究不同时期政治、经济、思想、文化、艺术和社会生产等方面提供了极为宝贵的原始资料。

总体而言，江苏、浙江、福建和广东四省墓室壁画的题材内容随着社会生活的发展而发生着变化，从而体现出时代性、地域性的特点。

汉代墓室壁画的题材内容最为丰富，涉及社会生产生活、建筑、历史人物故事、神话传说、祥瑞辟邪、天文星象和装饰纹样等各个方面。社会生产生活的内容主要围绕墓主人生前的日常生产活动而展开，有显示墓主人身份和地位的车马出行图，有表现墓主人享乐生活的乐舞百戏图、庖厨宴饮图和迎宾拜谒图等，还有体现墓主人所占有的庄园经济实力的楼阙建筑图和狩猎纺织图等，其中比较有特色的是纺织图和牛耕图在江苏徐州地区的出现。历史人物故事的题材主要有泗水捞鼎、鸿门宴、孔子见老子和荆轲刺秦王等。反映汉人宗教信仰的伏羲和女娲、东王公和西王母，以及各种羽人、仙人、瑞兽等帮助墓主人升仙的图像在这四省颇为流行。此外，还有不少几何纹、动物纹等丰富多变的装饰纹样。

六朝时期墓室壁画的题材内容虽远不及汉代那么丰富，但特色鲜明。东吴、两晋时期多是一些简单的几何纹样，人物和动物的画像直到刘宋时期才开始流行起来。南朝墓室壁画题材内容突出的特点有二：第一，汉代颇为流行的表现墓主人娱乐生活和庄园经济状况等诸多现实生活画面，在南朝画像砖墓中几乎不见。仅有一些表现墓主人车马出行的场面，但已无汉代出行场面的宏大气势。第二，由于佛教和道教的兴盛，反映时人宗教思想的题材在南朝画像砖墓中大有增加。比如，羽人戏龙和羽人戏虎中的龙、虎就是道家引导死者灵魂上天的工具；竹林七贤与荣启期受道家影响，在画像砖中实际上是以得道成仙榜样面目出现的①。又如，南朝画像砖墓中大量出现的莲花纹装饰，以及飞天、佛像、供养人、莲花化生和僧人等图像，应是佛教思想观念在墓葬艺术中的反映。

隋唐五代时期墓室壁画题材比较突出的是四神、十二辰像和星象图的流行，另在五代时期还兴起了墓室仿木结构建筑彩画的艺术表现形式。

宋元时期墓室壁画题材内容的最大特点是世俗化和生活化。现实生活类的题材以表现墓主人生前居住的寝室图为主，出行图、庖厨图和乐队图也时有出现，但墓主人形象比较少见。表现宗教思想观念的四神、十二辰像和星象图在此期继续流行，且新出现了福禄寿三星的题材。装饰类的花纹题材少见莲花纹，而以饱满艳丽的牡丹花为主。

第五节　海上丝绸之路对墓室壁画的影响

海上丝绸之路一词的概念最早由国外学者提出并使用。1913 年，法国学者沙畹在《西突厥史料》中首次提出"丝路有陆、海两道，北道出康居，南道为通印度诸港之海道。"② 1967 年，日本学者三杉隆敏在《探索海上的丝绸之路——东西陶瓷交流史》中正式使用了"海上丝绸之路"这一名称。20 世纪 80 年代以来，国内大批学者如季羡林、陈炎③、刘迎胜④等开始使用并探讨海上丝绸之路的历史发展，以及它在中西文化

---

① 姚义斌：《六朝画像砖研究》，江苏大学出版社，2010 年，第 107-108 页。
② （法）沙畹著，冯承钧译：《西突厥史料》，中华书局，2004 年。
③ 陈炎：《海上丝绸之路与中外文化交流》，北京大学出版社，1996 年。
④ 刘迎胜：《丝路文化·海上卷》，浙江人民出版社，1995 年。

交流传播当中的意义和价值。

　　江苏、浙江、福建和广东是海上丝绸之路上的重要省份。早在秦汉时期，中国沿海居民就与临近海岛屿及东南亚之间发生了联系。例如，在广州象岗山南越王墓墓中出土的大象牙、象牙器、银器、玻璃器以及玛瑙、水晶、玻璃等多种质料的珠饰，其中有一部分应是从中亚或南亚等地输入的。可见，广州与海外通商贸易的时间至迟在南越王国时期就已经存在了①。又如，江苏邗江甘泉二号汉墓发现的三片玻璃片，在器形风格上、纹饰上和质地上均与中国传统的玻璃（琉璃）不同，而与近代玻璃近似。根据激光光谱分析，此玻璃器皿可能是从国外输入的②。中外文化交流在汉代墓室壁画上比较明显的图像例证，应该是江苏徐州和浙江海宁画像石墓中的大量胡人图像了③。

　　六朝时期，随着航海技术的进步和不同文化之间的相互吸引，江苏、浙江、福建和广东等沿海省份与域外诸国的交往更为紧密。东吴政权就十分重视海外贸易，黄武五年至黄龙二年（226—230），交州刺史吕岱遣中郎将康泰、宣化从事朱应出使扶南各国，"其所经及传闻，则有百数十国"④。六朝时期的海外贸易颇为繁荣，有学者对海外诸国通使于六朝的次数做过统计，当时相互贸易往来的国家主要分布于三个地区：其一，海东诸国，主要有朝鲜半岛上的高句丽、百济、新罗和日本等国；其二，西域和南亚诸国，主要有天竺、波斯、狮子国和滑国等；其三，南洋诸国，主要有林邑、扶南和老挝等国⑤。六朝时期的海外贸易以东南沿海的广州、交州为中心，相互之间的交流主要体现在两个方面：一是佛教造物的输入，如佛像、宝塔、舍利、菩提叶、佛器、佛经等源

---

① 广州象岗汉墓发掘队：《西汉南越王墓发掘初步报告》，《考古》1984年第3期。
② 纪仲庆：《江苏邗江甘泉二号汉墓》，《文物》1981年第11期。
③ 朱浒：《汉画像胡人图像研究》，上海大学博士学位论文，2012年，第84-100页。
④ 参见（晋）陈寿撰：《三国志》卷六十《吴书·吕岱传》，中华书局，1982年，第1385页；（唐）姚思廉撰：《梁书》卷五十四《海南诸国传》，中华书局，1973年，第789页。
⑤ 陈明光、邱敏：《六朝经济》，南京出版社，2010年，第384-390页。

源不断涌入沿海地区；二是稀有材质物品和工艺的输入，如象牙、玳瑁、珊瑚、海珠、香料、火珠等自然材质，或如金刚指环、摩勒金杯、琉璃唾壶、火布等各色工艺品①。南京虽不滨海，却与海上丝绸之路紧密相关，这里不但是海上丝绸之路由西域至中土的枢纽或终端，而且是海上丝绸之路东延的出发地②。可见以南京为中心的地区在当时海外文化的传播和交流中应起到了重要作用。

值得一提的是，"如果说秦汉时中外文化交流较多地表现为具有军事政治倾向的话，那么，六朝时期则有不同，它主要是宗教、艺术、学术思想和生活习俗等文化本身的交流，特别是都城建康逐步成为中外商货贸易的中心，这对于加强和发展文化交流，起到了积极的推动作用。"③ 因此，六朝墓室壁画中最大的特点就是佛教题材的增多，很大程度上这应是印度佛教从海外诸国持续传入影响的结果。比如南朝大型画像砖墓中常见的宝瓶生莲，具有明显的佛教因素，其渊源就在古代印度，在公元前2世纪至公元前1世纪印度巴尔胡特和桑奇大塔的栏楯上面，就雕刻了大量的宝瓶生莲装饰④。此外，南朝的陵墓石刻天禄辟邪，以及石柱、石碑上线刻的祆教神王等形象，其渊源最早是来自于波斯，甚至通过波斯还可追寻到希腊风（"希腊式"的棱纹等），这是海外文化交流的成果⑤。

隋唐，广州、泉州、宁波、扬州成为四大国际贸易港，其中广州尤为重要，唐朝海上丝绸之路航线主要是以广州为起始的，称为"广州通海夷道"，被分为从广州至大食国巴士拉港的东航路，抵达阿拉伯半岛及亚丁湾、东非、红海航道的西航路，以乌剌为

---

① 朱文涛：《六朝时期的海上交通与对外造物文化交流述略》，《创意与设计》2016年第5期。
② 张宁宁：《南京"中国明清城墙"及"海上丝绸之路"双线申遗项目的对比性研究与展望》，《改革开放》2015年第23期。
③ 胡阿祥、李天石、卢海鸣编著：《南京通史·六朝卷》，南京出版社，2009年，第376页。
④ 参见（日）八木春生：《中国南朝的莲花纹样》，日本《成城文艺》第143号，1993年，第106-144页。
⑤ 林树中编著：《六朝艺术》，南京出版社，2004年，第50-51页。

东西航路的交会点①。安史之乱后，唐朝国力由盛转衰，但东方海上丝绸之路却持续繁荣，支撑唐代中后期海上丝绸之路繁荣的基础在地方、在民间②。宋元时期是海上丝绸之路的兴盛时期，形成了泉州、广州、明州（宁波）三大贸易枢纽港，在促进东西方经济贸易和文化交流方面起到了重要的作用③。福建泉州此时逐渐取代广州成为东方重要港口，这可能是福建宋元壁画墓集中出现的一个外在因素。明永乐、宣德年间（1403—1435），郑和先后七次率庞大的远洋舰队出访亚非各国，从而开辟了古代海上丝绸之路历史上航程最长的远洋航线，海上丝绸之路繁荣起来。但此时由于沿海地区墓室壁画的遗存不多，海上丝路文化似乎并没有直接对墓室壁画产生直接影响。郑和之后，随着中央政权海禁、闭关锁国等政策的实施，南海安全隐患逐渐显现，因此，海上丝绸之路也逐渐衰落④。

---

① （北宋）宋祁、欧阳修等编撰：《新唐书·地理志》，中华书局，2000年。
② 刘凤鸣：《唐中后期东方海上丝绸之路繁荣原因探析》，《中国高校社会科学》2015年第6期。
③ 李军：《宋元"海上丝绸之路"繁荣时期广州、明州（宁波）、泉州三大港口发展之比较研究》，《南方文物》2005年第1期。
④ 徐桑奕：《明清时期中央政权南海管制式微与海上丝绸之路的衰落》，《历史教学》（下半月刊）2014年第6期。

第二章 汉代墓室壁画

江苏、浙江、福建和广东四省汉代的墓室壁画遗存以徐州地区的画像石墓为主，这一地区可说是汉画像石发源和集中地之一，这和徐州的地理、政治、经济，以及当时的社会背景是密不可分的。此外，东汉晚期在南京地区还发现了少量画像砖墓，十分珍贵，这为探讨六朝画像砖墓的渊源提供了新的材料。

第一节 遗存梳理

一、遗存的总体数量

据不完全统计，江苏、浙江和广东三省发现和发掘的汉代墓室壁画共有52座，包括画像石墓46座、画像砖墓4座和壁画墓2座。

二、遗存的地域分布

从遗存的地域分布来看，这52座汉代墓室壁画发现于江苏、浙江和广东三省，福建地区至今没有遗存发现。

江苏地区占绝大多数，共47座，包括画像石墓42座、画像砖墓4座和壁画墓1座，且大都集中在苏北地区，其中徐州34座、连云港6座和宿迁2座；苏南地区所占比例极小，仅南京周围发现4座。

浙江地区共发现4座东汉时期的画像石墓，其中嘉兴1座，湖州3座①。

---

① 湖州德清凤凰山汉画像石墓M1和M2，以及德清秋山画像石墓（浙江省文物管理委员会：《浙江省德清县凤凰山画像石墓发掘简报》，载浙江省考古研究所编：《浙江省文物考古研究所学刊》第7辑，杭州出版社，2005年；浙江省博物馆：《浙江省德清县秋山画像石墓的发掘》，载浙江省考古研究所编：《浙江省文物考古研究所学刊》第7辑，杭州出版社，2005年）。

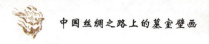

广东地区目前仅在广州发现1座西汉前期的壁画墓。

三、遗存的阶段分布

江苏、浙江和广东三省汉代墓室壁画带有纪年的不多，其中最早的纪年墓是东汉元和三年（86）徐州铜山汉王乡画像石墓①，最晚的纪年墓是东汉元嘉元年（151）彭城相缪宇墓②。但从考古资料来看，至少在西汉时期，江苏和广东就有墓室壁画遗存。

我们重点参考学者的已有分期成果③，同时根据墓葬形制、明器、题材，以及雕刻技法等方面，将这三省的汉代墓室壁画大致分为三个时期：西汉前期至新莽时期、新莽时期至东汉中期和东汉晚期。

第一期：西汉前期至新莽时期。这一时期的墓室壁画不多，以广州象岗山南越王墓和徐州韩山西汉一号画像石墓为早，另连云港也有几座西汉晚期的画像石墓。此期的墓葬多是小型的单室墓，题材内容较为简单，多是一些铺首、十字穿环、凤鸟和常青树等祥瑞图像，人物图像较少出现。画像技法多采用阴线刻，底面粗糙，未经磨平，线条率直。

第二期：新莽时期至东汉中期。这一时期墓室壁画的数量增多，出现了大量双室墓，墓室结构也变得复杂，有的还带有耳室。画像题材内容也变得丰富起来，反映墓主人现实生活和镇墓辟邪的画面多有出现，此期以江苏泗洪重岗汉画像石墓为代表。

第三期：东汉晚期。这一时期是画像石墓的兴盛期，不仅数量最多，墓室结构多样复杂，雕刻技法也趋于成熟稳定，而且画像石题材广泛，内容丰富，构图严密，写实与写意并行，艺术表现手法颇高。

---

① 燕林、国光：《徐州发现东汉元和三年画像石》，《文物》1990年第9期。
② 尤振尧、陈永清、周晓陆：《东汉彭城相缪宇墓》，《文物》1984年第8期。
③ 信立祥：《汉画像石的分区与分期研究》，载俞伟超主编：《考古类型学的理论与实践》，文物出版社，1989年，第234-237页。

第二节 形制类型

一、墓室形制类型

江苏、浙江和广东三省的汉代墓室壁画共有 52 座。根据墓室构筑方式的不同,除 5 座墓葬形制不详外,我们将其余 47 座墓葬的墓室形制分为单室墓、双室墓和多室墓三个大类。

(一)单室墓

单室墓共发现 12 座,多属于西汉时期,除 1 座画像砖墓位于苏南的高淳区外①,其余 11 座均集中出现在苏北徐州、连云港等地,且均为小型的画像石墓(包括 1 座石棺墓和 1 座石椁墓)。

江苏徐州地区的韩山西汉一号墓②、墓山石棺墓和檀山石椁墓③,以及韩山东汉 85XHM1 墓(图 2-1)④ 等为竖穴形制的单室墓。这些竖穴形制的单室墓最为突出的特征是没有甬道。如檀山石椁墓中的石椁置于深 5.2 米的竖穴内,竖穴制作不规整,内填花土,下部靠近石椁的一段填土则夯打坚实。

与竖穴形制的单室墓不同的是,有些横穴形制的单室墓增加了甬道。如徐州贾汪汉画像石墓坐北朝南,为石结构单室墓,平面呈凸字形,由甬道、墓门和墓室组成,

---

① 刘和惠:《江苏省高淳县东汉画像砖墓》,《文物》1983 年第 4 期。
② 王瑞峰:《徐州韩山汉墓出土的西汉早期画像石》,载中国汉画学会、河南博物院编:《中国汉画学会第十三届年会论文集》,中州古籍出版社,2011 年,第 444-447 页。
③ 孟强、耿建军:《江苏徐州市清理五座汉画像石墓》,《考古》1996 年第 3 期。
④ 钱国光、李银德:《徐州市韩山东汉墓发掘简报》,《文物》1990 年第 9 期。

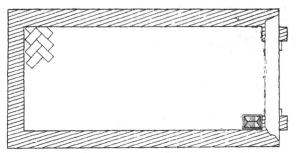

图 2-1　墓室平面图 韩山东汉 85XHM1 墓 东汉中晚期
（采自钱国光、李银德《徐州市韩山东汉墓发掘简报》，
《文物》1990 年第 9 期）

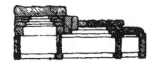

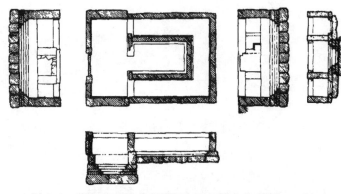

图 2-2　墓室平面图 徐州邳州东汉相缪宇墓 公元 151 年
（采自尤振尧、陈永清、周晓陆《东汉彭城相缪宇墓》，
《文物》1984 年第 8 期）

在其墓室东壁、北壁和西壁均刻有画像①。

（二）双室墓

双室墓和多室墓均是在横穴墓大量出现并流行的基础上逐渐演变而来。本地区汉代双室墓形制的墓葬最多，共发现 25 座，除在南京高淳发现 1 座中型画像砖双室墓外②，其余 24 座均为中小型画像石双室墓，集中分布于苏北徐州和连云港两地。

徐州邳州东汉相缪宇墓（图 2-2）的墓葬形制较为特别。该墓原有墓园，依北高南低的山坡地形修筑，周围有石砌墓垣，现已毁。另在墓园北半部还有圆形土墩。该墓墓室为叠涩式结构，由前室、后室和回廊三部分组成，平面呈长方形。回廊形式在徐州汉画像石墓中仅见此一例。据考古资料可

---

① 郝利荣、杨孝军：《江苏徐州贾汪汉画像石墓》，《文物》2008 年第 2 期。
② 陈兆善：《江苏高淳固城东汉画像砖墓》，《考古》1989 年第 5 期。

知，回廊是汉代墓葬中新出现的形制，是皇室贵族如诸侯王、列侯级别的一种特殊葬制。但从墓志铭来看，该墓主缪宇在当时应为二千石的官员，还不到王侯级别，其豪华的墓葬应是僭越的表现①。

此外，还有一些双室墓的前室两侧会附带一或两个耳室，如邳州车夫山汉画像石二号墓②和铜山班井四号墓③等。另有一些双室墓后室的中间会用石柱或石墙隔成数室，如邳县白山故子一号东汉画像石墓④和徐州新沂瓦窑汉画像石墓⑤。

（三）多室墓

多室墓是在双室墓的基础上演变而来，集中出现在东汉晚期。此种形制的墓葬数量不多，共有 10 座，以画像石墓为主，另有 2 座壁画墓。由于多室墓的建筑花费颇高，因此，其墓主人多为中上流社会阶层。

青山泉白集画像石墓（图 2-3）是徐州地区较为重要的一座汉代大型多室墓。该墓葬的整体结构由祠堂和墓室两部分组成。祠堂在前，墓室在后，两者同在一条中轴线上。其墓室结构分前、中、后三主室，中室附有左、右两耳室，后室内用石板隔成东、西两室，各室之间均有石门相通。画像石刻于祠堂、前室、中室和后室内⑥。值得一提的是，该墓墓前的祠堂建筑在江苏地区较为少见。若将该墓祠堂与山东地区颇为著名的嘉祥武梁祠和孝堂山郭氏祠相比，其最大差异在于该墓祠堂不是暴露在地面，而是用土石将其掩埋成一个大土墩，从而形成一个封闭的状态，因此后人祭奠拜祭的功能并不能实现，可能仅是一种观念上的象征而已。

---

① 尤振尧、陈永清、周晓陆：《东汉彭城相缪宇墓》，《文物》1984 年第 8 期。
② 郝利荣：《邳州车夫山汉画像石墓初步研究》，《东南文化》2006 年第 2 期。
③ 刘尊志、吴公勤、田芝梅：《江苏铜山县班井四号墓发掘简报》，《中原文物》2009 年第 3 期。
④ 尤振尧、陈永清、周甲胜：《江苏邳县白山故子两座东汉画像石墓》，《文物》1986 年第 5 期。
⑤ 王恺、夏凯晨：《江苏新沂瓦窑汉画像石墓》，《考古》1985 年第 7 期。
⑥ 尤振尧：《徐州青山泉白集东汉画象石墓》，《考古》1981 年第 2 期。

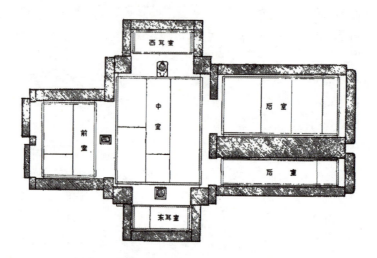

图 2-3　墓室平面图 徐州青山泉白集画像石墓 东汉末期
（采自尤振尧《徐州青山泉白集东汉画象石墓》，《考古》1981 年第 2 期）

广州象岗山南越王墓是一座西汉前期的大型壁画墓，其墓主人为第二代南越王赵眜[①]。该墓的墓室最多，分前后两部分，共七室。前部分为前室、东耳室、西耳室，平面呈横长方形。后部四室，有主室（后中室）、东侧室（后左室）、西侧室（后右室），三室平行纵列，在主室的后端由两堵石柱分隔出一个后藏室，整个后部平面呈方形。各室用石壁分隔，有门道互通。前室、主室各有石门封闭。石门由门楣、门框、门槛、门墩石和顶门器等组成。前室通东、西耳室，主室通东、西侧室和后藏室，都有通道。

二、壁画形制类型

江苏、浙江和广东三省的汉代墓室壁画有三种艺术表现形式：画像石、画像砖和彩

---

①　广州象岗汉墓发掘队：《西汉南越王墓发掘初步报告》，《考古》1984 年第 3 期。

绘壁画，尤以江苏徐州地区的画像石为多，画像砖和彩绘壁画在这三省发现较少。

（一）画像石

本地区汉代画像石墓的数量最多，共有46座，除4座在浙江湖州和嘉兴外，其余全部位于苏北地区的徐州、连云港和宿迁等地。

宿迁市泗阳打鼓墩樊氏画像石墓的规格较大。该墓是多室墓，其墓室内共有画像石24块，雕刻画像50幅，全部集中在中室的前、后两壁及门柱、门额上。每块画像石都刻有一个正面和一个侧面，正面朝着墓室，侧面朝着通道。画像石雕刻技法基本采用东汉晚期常见的减地平面线刻，其题材内容以反映忠孝节义及神仙思想为主①。

徐州邳州市车夫山二号汉墓是一座绘画内容繁缛、雕刻精美的画像石墓。该墓为砖石混合的双室墓，墓中出土画像石23块，其位置排列有序，画面共计22幅，比较少见的是在该墓的东西耳室均刻满画像。画像题材以当时流行的现实生活类和神仙世界类为主，均为墓主人升仙服务②。

（二）画像砖

本地区汉代画像砖墓较少，目前仅在江苏南京地区发现东汉时期的小型画像砖墓4座：溧水和高淳各2座。

溧水2座画像砖墓已遭严重破坏，现仅存少量"车马出行""四人过桥"和几何图案等内容的画像砖③。

高淳固城发现的两座东汉晚期的画像砖墓距离很近，可能是一个家族的墓葬。M1墓为单室墓，其整个墓椁均以模制的画像砖砌成，画像在砖的横侧面或竖侧面，其内容共11幅，主要包括青龙、白虎、羽人、方相氏和车马出行等④。M2墓为附带耳室的双

---

① 尹增淮：《江苏泗阳打鼓墩樊氏画像石墓》，《考古》1992年第9期。
② 郝利荣：《邳州车夫山汉画像石墓初步研究》，《东南文化》2006年第2期。
③ 吴大林：《江苏溧水出土东汉画像砖》，《文物》1983年第11期。
④ 刘和惠：《江苏省高淳县东汉画像砖墓》，《文物》1983年第4期。

室墓,墓室内除铺地砖外,其余墓砖绝大部分都印有花纹。画像内容以现实生活、历史故事和祥瑞图像为主①。

可以说,江苏东汉晚期画像砖墓的出现为研究六朝画像砖墓的渊源、发展及演变提供了新的实物资料。

(三)彩绘壁画

本地区汉代壁画墓甚为少见,目前仅发现2座,即广州象岗山西汉南越王壁画墓②和徐州东汉黄山陇壁画墓③。

广州西汉南越王墓彩绘壁画的装饰性意味较浓,在前室和中室石门,以及门楣、前室四壁和顶盖石上,都有朱墨彩绘的飘逸流畅的《卷云纹》(图2-4、图2-5)图案,

图 2-4　卷云纹(前室顶部)广州象岗山南越王墓　西汉前期
(采自徐光冀主编《中国出土壁画全集10》,科学出版社2012年)

图 2-5　卷云纹(前室东北角)广州象岗山南越王墓　西汉前期
(采自徐光冀主编《中国出土壁画全集10》,科学出版社2012年)

---

① 陈兆善:《江苏高淳固城东汉画像砖墓》,《考古》1989年第5期。
② 广州象岗汉墓发掘队:《西汉南越王墓发掘初步报告》,《考古》1984年第3期。
③ 葛治功:《徐州黄山陇发现汉代壁画墓》,《文物》1961年第1期。

其中以前室顶盖石上的彩绘纹样保存较为完整。徐州东汉黄山陇壁画墓仅在前室发现壁画，其墓门两旁为门吏，门楣上为车马出行，室内壁画为车马出行行列和宴饮场景。

第三节 题材内容

江苏、浙江和广东三省汉代墓室壁画的题材内容颇为丰富，涉及当时社会生活的诸多方面，同时也包含了汉人对宇宙人生、幽冥世界的想象和看法。具体来看，这些题材内容大致可分为四个大类：其一，反映现实社会生活、生产的内容；其二，描写历史人物故事的内容；其三，表现古人宗教思想观念的内容；其四，丰富多变的装饰图案的内容。

一、现实生活类

描绘现实社会生活生产类的题材，在本地区汉代墓室壁画中十分流行。若进一步划分，还可将其细分为日常生活、娱乐生活和社会生产等几个方面。

（一）日常生活

日常生活的相关图像主要是围绕墓主人生前活动而展开，包括车马出行图、庖厨宴饮图、迎宾拜谒图和人物交谈图等。

车马出行图

车马出行图在汉代墓室壁画中流行较广，这不仅是墓主人身份地位的象征，同时也起着引导墓主人升仙的功能。初步统计，本地区约有16座汉代墓室壁画中发现车马出行图。

比如，邳州车夫山汉画像石二号墓的车马出行图刻在墓室后室的东、西两壁。西壁画面分两层，上层刻凤鸟云集、飞龙曼舞；下层刻出行图，左右两边的车队人马均面向

图 2-6　车马出行、楼阁图　睢宁墓山一号墓　东汉中晚期
（采自汤池主编《中国画像石全集 4》，山东美术出版社 2000 年）

图 2-7　车马出行图　睢宁墓山一号墓　东汉中晚期
（采自汤池主编《中国画像石全集 4》，山东美术出版社 2000 年）

中间行走，画面中间有三人作恭迎状。东壁画面也分两层，上层也刻凤鸟、飞龙；下层画面的左方一人右向躬立迎宾，而画面的右方众人左向拱手相送。这两幅车马出行画面左右两方一迎一送，可能有迎送死者升仙之寓意。一般地说，徐州地区车马出行图的车辆以轺车为主，但该墓的车辆全为辎车①。关于辎车，孙机考证"这种车的车厢很严密，其中往往乘坐妇女"②。据《古列女传·齐孝孟姬传》载："妃后逾阈，必乘安车。辎𫐓下堂，必从傅母"。《汉书·张敞传》载："君母出门，则乘辎𫐓"。因此，此墓墓主人可能是女性。

又如，江苏睢宁墓山一号墓有车马出行图两幅。前室一幅《车马出行、楼阁图》（图 2-6）画像的主体为楼阁式建筑和礼拜人物，出行

————
①　郝利荣：《邳州车夫山汉画像石墓初步研究》，《东南文化》2006 年第 2 期。
②　孙机：《汉代物质文化资料图说》，文物出版社，1991 年，第 95 页。

图在画面的下层，刻一列向左行进的车马。前后二车为导车和从车，均轺车，各驾一马，车上乘一驭手一官吏。中间是一乘輧车，由一马驾挽。车盖垂四维，车盖下坐一驭手一官吏。车前有二导骑，车后有二骑吏。另一幅《车马出行图》（图2-7）为单独画面，位于前室北壁。画面中车马队伍自右向左行驶，三骑吏与两乘车相间列队而行，骑吏的手中似持弓。两乘车均由一马驾挽，一为轺车，一为轩车，车上均乘二人。车马出行行列的上方刻夔龙数条①。

再如，邳州陆井汉墓中的《车马出行、宴饮、杂技图》（图2-8）分上下两层，最下层刻出行图，一骑吏、二步卒在前开道，后为一辆轺车，二骑三人缘索而下，橦吏持兵器并行，最后为一辆轩车，车旁随一步卒。整个出行场面十分壮观。

迎宾拜谒图

汉代社会极力推崇儒家礼乐传统在治国安邦当中的重要作用，因此迎宾拜谒图在墓室壁画中常见。徐州青山泉白集画像石墓的祠堂、前室和中室内有数幅迎宾拜谒的画面。该墓前室南横梁石上刻迎宾图，北横梁石上刻拜谒图，从而形成一次连贯的礼仪程序。南面迎宾图的左边刻亭长一人，手捧盾置于胸前，腰挂长剑，躬身作迎宾客状。亭长前为两门卒，手中各执长柄彗。拥彗迎宾是古代迎宾礼仪之一，起源于古代的宾礼，

图 2-8 车马出行、宴饮、杂技图 邳州陆井汉墓 东汉
（采自汤池主编《中国画像石全集4》，山东美术出版社 2000 年）

---

① 仝泽荣：《江苏睢宁墓山汉画像石墓》，《文物》1997 年第 9 期。

如《周礼·春官·大宗伯》曰："以宾礼亲邦国"；《史记·高祖本纪》曰："后高祖朝，太公拥彗，迎门却行"，李奇注："为恭也，如今卒持帚者也。"迎宾图右边刻宾客八人，成队鱼贯而来，双手拱于胸前，表示对来迎接者的恭敬。北面拜谒图的左边有宾客六人，方向都是从右向左而来，最前一人身材特别矮小，似为一小孩。宾客之后有四人俱面向右，其中三人跪地伏首，一人站立在前向来宾拱手相迎，其身份应是主人，迎接另一队宾客四人的到来，这队宾客中，在前一人躬身向前，向主人拱手答礼①。

庖厨图

据统计，苏北地区的庖厨图共有18幅②，另浙江嘉兴有1幅。这19幅庖厨图可分为"独立型"和"非独立型"两种类型。

"非独立型"指的是庖厨图的规模不大，往往和其他生活场景组合在一个画面中，也即画像之间不分格，"这种组合是作为墓主人（或者墓主人只是主体的一部分）宴飨活动的附属，是专门为楼阁上面举行的宴享活动服务的。"③ 如徐州张山画像石墓的前室南壁有一幅描绘墓主人日常生活享乐的场面，画面中心为两座房屋，屋内墓主人正在享受美妙的乐舞，在画面右侧下部有庖厨图④。徐州沛县栖山一号墓中的庖厨图也与房屋、乐舞和车马等画面组合在一起⑤。

"独立型"指的是庖厨图单独刻画，自成单元，这种庖厨图的场面较大，人物众多。如徐州铜山汉王乡东汉元和三年的画像石墓中有此类庖厨图5幅。现以第7石《庖厨图》（图2-9）为例，该庖厨画面分上中下三栏：上栏左上方悬挂猪腿和鱼，右侧雌、雄二鸡，雄鸡展翅昂首鸣叫。下方一只羊被绑缚，一只狗正昂头前行。右侧前后二人均坐

---

① 尤振尧：《徐州青山泉白集东汉画象石墓》，《考古》1981年第2期。
② 霍艳洁：《汉代"庖厨图"研究——以画像石为中心》，西北师范大学硕士学位论文，2014年，第8页。
③ 于秋伟：《汉代画像石之"庖厨图"分析》，《中国博物馆》2010年第2期。
④ 孟强、耿建军：《江苏徐州市清理五座汉画像石墓》，《考古》1996年第3期。
⑤ 徐州博物馆、沛县文化宫：《江苏沛县栖山汉画像石墓清理简报》，《考古学集刊》第2集，中国社会科学出版社，1982年，第72页。

于案前，右手执刀，正在切割食物；中栏左侧一人正在灶前烧火，右侧一人在井旁摇辘轳汲水。二人间置二甑，不远处有壶、樽、耳杯等物；下栏刻墓主人归家图①。可见这应是仆人正紧张地为墓主人准备丰富的晚宴。

图 2-9　庖厨图　徐州铜山汉王乡画像石墓　公元 86 年
（采自汤池主编《中国画像石全集 4》，
山东美术出版社 2000 年）

图 2-10　宴饮图　徐州铜山汉王乡画像石墓　公元 86 年
（采自汤池主编《中国画像石全集 4》，
山东美术出版社 2000 年）

宴饮图

本地区画像石中还有不少表现墓主人与家眷、宾客等宴饮的场面，这些画面构图大体相似：屋内两人对坐交谈，屋外站立侍者，另在屋顶有鸟兽数只。例如，徐州铜山汉王乡画像石墓有一幅《宴饮图》（图 2-10）。画面正中为一屋宇，屋顶立一展翅凤凰。屋内宾主宴饮，中间置樽、耳杯等。二侍者立于门侧，左侧侍者肩扛一物，右侧侍者佩长剑。屋外老树遮阴，栖鸟云集②。

---

① 燕林、国光：《徐州发现东汉元和三年画像石》，《文物》1990 年第 9 期。
② 燕林、国光：《徐州发现东汉元和三年画像石》，《文物》1990 年第 9 期。

又如，徐州铜山茅村汉墓画像石上刻有宴饮图多幅，其中一幅《宴饮图》（图2-11）二人相对而视，似在密谈。另一幅《宴饮图》（图2-12）屋内有五人，前二人为一组，一人高举一物，似乎很是激动，后三人则表现得颇为亲密，相聊甚欢。

图 2-11　宴饮图 徐州铜山茅村汉墓 东汉
（采自张道一《徐州画像石》，译林出版社2013年）

图 2-12　宴饮图 徐州铜山茅村汉墓 东汉
（采自张道一《徐州画像石》，译林出版社2013年）

再如，睢宁墓山二号墓中的《宴饮图》（图2-13）结构宏大，气势非凡。屋内端坐二人，左一人戴进贤冠，着宽袖长袍，左手持便面。右一人戴胜，也着宽袖长袍，右手持一耳杯。屋左一人侍立，屋右一人挑酒壶而来，屋顶刻二鸟交喙①。

（二）娱乐生活

反映社会娱乐生活的题材包括乐舞图、游戏图、杂技图、比武图和六博图等。

---

① 仝泽荣：《江苏睢宁墓山汉画像石墓》，《文物》1997年第9期。

乐舞图

乐舞图是汉代表现娱乐生活的一大流行题材，徐州汉代画像石墓中大多刻画有乐舞场面，只是场面有大有小。这些乐舞图按其表演性质可将其分为自娱型、娱众型和娱神型等不同类型，按其演出场所可以分为大厅殿堂表演、亭台楼肆表演和大型广场表演等①。

徐州地区汉代乐舞图中最为常见的舞蹈有以手袖为主的长袖舞和以打击乐器为主的建鼓舞，这些表演者舞姿优美，刚柔相济。在舞者旁边往往刻有由演奏管弦乐和打击乐的艺人组成的乐队伴奏场面，其中常见的乐器有瑟、排箫、笙、横笛等②。

比如，江苏邳县白山故子二号画像石墓中的《乐舞图》(图2-14)由三部分组成。中部房屋内有四位乐工跪坐在长方形榻上，其中一人操琴，另三人似在伴唱；屋的右侧刻舞伎两组，每组两人，均一人起舞，另一人伴唱，身着长袖宽衣；屋的左侧刻树下马③。

又如，徐州铜山利国画像石墓有一幅《建鼓舞图》(图2-15)。画面中央置一建鼓，建鼓底下有基座，两旁各有一人正快速地击鼓，如痴如醉。上部刻四人杂耍，似倒立腾飞状，身体弯

图2-13 宴饮图 睢宁墓山二号墓 东汉中晚期
(采自汤池主编《中国画像石全集4》，
山东美术出版社2000年)

---

① 李莉：《徐州汉画像石之乐舞百戏图像研究》，南京艺术学院硕士学位论文，2010年，第15页。
② 李爱真、刘振：《徐州汉画像石中乐舞研究》，《黄钟》(武汉音乐学院学报)2005年第1期。
③ 尤振尧、陈永清、周甲胜：《江苏邳县白山故子两座东汉画像石墓》，《文物》1986年第5期。

图 2-14　乐舞图 邳县白山故子二号画像石墓 东汉
（采自张道一《徐州画像石》，译林出版社 2013 年）

图 2-15　建鼓舞图 徐州铜山利国画像石墓 东汉晚期
（采自汤池主编《中国画像石全集 4》，
山东美术出版社 2000 年）

图 2-16　乐舞图 徐州凤凰山汉墓小祠堂 东汉
（采自张道一《徐州画像石》，
译林出版社 2013 年）

曲的弧度很大，表明他们杂耍的高超技艺[①]。"建鼓是楚乐文化的典型代表，汉代建鼓形制，从画像石看，显然是继承周制并受楚的影响"[②]，可见汉代江苏地区建鼓舞的流行与楚文化是密不可分的。

再如，徐州凤凰山汉墓小祠堂的后壁有一幅《乐舞图》（图2-16）。画面上夫妇二人坐在屋内，中间放着酒具，屋前

---

① 石祚华、郑金星：《江苏徐州、铜山五座汉墓清理简报》，《考古》1964 年第 10 期。
② 萧亢达：《汉代乐舞百戏艺术研究》，文物出版社，1991 年，第 73 页。

左侧有一人挥舞长袖,翩翩起舞,右侧一人正陶醉地弹琴助兴。

杂技图

江苏泗洪重岗汉画像石墓中有一幅表现九人献艺杂耍场面的画像石,《杂技图》(图 2-17)位于画像的左侧:从右至左,首先是两人表演"空竹戏",下者向上抛掷,上者正稳稳接住。其次为双人"掷倒戏",即倒立,又称"大顶竖蜻蜓",地面一小案,下一人双手撑于案一端,上身曲,头前伸,两腿曲于头的上方,另一人双手竞撑于下一人的脚上做倒立。"掷倒"在汉画中常见,但大都为一人表演,这里表现了两人相叠的瞬间,技艺难度较大,高超惊险。再次为四人两组做双人造型,又称"滚骆驼戏",后一人蹲踞,双手前伸拉前一人双手,而此人双腿勾盘于后一人臀部,这样,二人互相后倾滚翻,这种项目在汉画中未曾见到。最后为一人做"跳丸戏",弓步张开,右手抛出七丸,右手正顺序接住①。

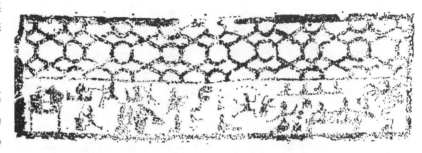

图 2-17 杂技图 泗洪重岗汉画像石墓 西汉晚期
(采自尤振尧、周陆晓《江苏泗洪重岗汉画象石墓》,《考古》1986 年第 7 期)

徐州铜山洪楼一号墓有一幅展现汉人拔山超海之力的《杂技图》(图 2-18)。画面中刻有七名力士,头戴武士冠,插有羽毛,表演内容自左至右依次为持盾执

图 2-18 杂技图 徐州铜山洪楼一号墓 东汉晚期
(采自汤池主编《中国画像石全集4》,山东美术出版社 2000 年)

---

① 尤振尧、周陆晓:《江苏泗洪重岗汉画象石墓》,《考古》1986 年第 7 期。

剑、驯虎、拔树、背牛、扛鼎、抱鹿和抱大壶。尤其是中间的背牛力士最为显眼（图2-19），只见他肩上倒挂一头大牛，显得轻松自如，丝毫没有感觉到大牛的重量①。

比武图

徐州十里铺汉画像石墓的前室横额处有一幅《比武图》（图2-20、图2-21），画面左边两武士互相搏斗，一武士头戴山形冠，身着甲，持长戟，另一武士戴进贤冠，上身裸露，旁放钩镶、环柄刀以及甲各一件。两旁各立一拱手的侍者，似作观斗状，画面右面有一人跽坐于垫上，可能为墓主人形象②。

铜山东汉苗山一号墓的后室西壁的《比武图》（图2-22）场面颇为惊险激烈，只见左一人持长戈向对方刺去，右一人一手持

图 2-19　杂技图（局部）　徐州铜山洪楼一号墓　东汉晚期
（采自张道一《徐州画像石》，译林出版社2013年）

图 2-20　比武图（原石）　徐州十里铺汉画像石墓　东汉晚期
（采自汤池主编《中国画像石全集4》，山东美术出版社2000年）

---

① 王德庆：《江苏铜山东汉墓清理简报》，《考古通讯》1957年第4期。
② 江苏省文物管理委员会、南京博物院：《江苏徐州十里铺汉画象石墓》，《考古》1966年第2期。

刀将长戈拨开，一手持戟直刺对方面部。右方还有一人持剑站立，左方二人弹琴助兴①。

徐州市郊寒山散存的一幅邀请友人观看比武的画像石，很有意思。《邀看比武图》（图2-23）分四格，自上而下分为四个连续的情节：邀看比武、四人同行、二人比武、揖客告别，可谓中国最早的连环画②。

蹶张图

江苏邳县白山故子二号画像石墓的前室东壁有《蹶张图》（图2-24）一幅，画面中一位身体魁梧雄健的力士，脚踩弩弓，两手用力张弦，箭在弦上欲射③。

六博图

六博图在汉画中常见，通常是两人对坐在屋内对弈。邳州市陆井乡庞口村汉墓出土的《六博

图 2-21　比武图　徐州十里铺汉画像石墓　东汉晚期
（采自张道一《徐州画像石》，译林出版社 2013 年）

图 2-22　比武图　铜山东汉苗山一号墓　东汉晚期
（采自张道一《徐州画像石》，译林出版社 2013 年）

---

① 王德庆：《江苏铜山东汉墓清理简报》，《考古通讯》1957年第4期。
② 张道一：《徐州画像石》，译林出版社，2013年，第121页。
③ 尤振尧、陈永清、周甲胜：《江苏邳县白山故子两座东汉画像石墓》，《文物》1986年第5期。

东部卷·江苏、浙江、福建、广东分卷

图 2-23 邀看比武图 徐州市郊寒山散存 东汉
（采自张道一《徐州画像石》，译林出版社 2013 年）

图 2-24 蹶张图 邳县白山故子二号画像石墓 东汉
（采自汤池主编《中国画像石全集 4》，
山东美术出版社 2000 年）

图 2-25 六博图 邳州市陆井乡庞口村汉墓
（采自汤池主编《中国画像石全集 4》，
山东美术出版社 2000 年）

图》（图 2-25）颇具故事性，只见左边一人高扬右手，左手指着棋盘，似在向对手炫耀他高超的棋艺，右边一人摊开双手似在认输。屋外右侧有一辆大车，左侧有一童子逗牛（图2-26）。童子坐在一个小木凳上，也称"杌子"，这在汉代并不常见，表明席地而坐的生活习惯正开始改变①。

（三）社会生产

社会生产类题材主要反映当地的经济状况，尤其是与农业和手工业相关的画面，其中比较值得关注的内容有纺织图、粮食加工图、狩猎图、耕种图和捕鱼图等。

纺织图

据学者统计，江苏地区汉代画像石墓中发现 5 幅《纺织图》：徐州铜山 2 幅、沛县 1 幅、邳县 1 幅、宿迁泗洪 1 幅②。除此，我们还在徐州新沂市炮车镇东汉画像石墓（图2-27）和铜山伊庄洪山汉画像石墓③中各发现 1 幅。因此，目前江苏地区的汉代纺织图共有 7 幅。

图 2-26　童子逗牛图 邳州市陆井乡庞口村汉墓
（采自张道一《徐州画像石》，译林出版社 2013 年）

图 2-27　纺织图 徐州新沂市炮车镇画像石墓 东汉
（采自汤池主编《中国画像石全集 4》，山东美术出版社 2000 年）

---

① 张道一：《徐州画像石》，译林出版社，2013 年，第 110 页。
② 尤振尧：《从画象石刻〈纺织图〉看汉代徐淮地区农业生产状况》，《古今农业》1990 年第 1 期。
③ 盛储彬、吴公勤、田芝梅：《江苏铜山县伊庄洪山汉画像石墓》，《华夏考古》2007 年第 1 期。

铜山洪楼汉墓出土一块画像残石,《纺织图》(图2-28)位于画面下层左侧,在一房屋内陈设织机、纬车、络车各一架,三位头梳高髻的妇女正在工作,屋外还有两位女性,似在指手画脚地督促着她们劳动。

徐州贾汪区青山泉子房出土的《纺织图》(图2-29、图2-30)左方刻一织机,一人坐机前,回身从另一人手中接抱婴儿。右方刻一纺车和纺者,旁有一人正为纺者递送物件。

邳县白山故子一号东汉画像石墓,墓室前室北壁东边的一块《纺织、舞乐和出行图》(图2-31)画像石,从上至下依次为纺织图、舞乐图和出行图。该幅

图2-28　纺织图　徐州铜山洪楼汉墓　东汉
(采自汤池主编《中国画像石全集4》,山东美术出版社2000年)

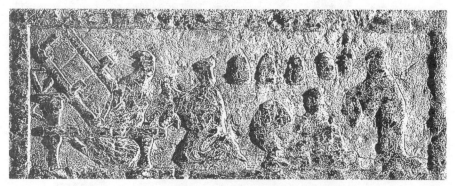

图2-29　纺织图(原石)　徐州贾汪区青山泉子房散存　东汉
(采自汤池主编《中国画像石全集4》,山东美术出版社2000年)

纺织图的右方刻纬车一架,纺妇一人。纬车上部为圆形,置于一方形座架上,车后纺妇跪坐摇纬。中间刻络车一架,一纺妇跪坐车架旁作调丝状,车架上放置丝团两束,正在源源绕向络车。左方刻织机一架,方形框架斜置在机架上,机下装置踏板两条,一织妇聚精会神地端坐在机架后,伸手作穿梭打纬织缣状①。

伊庄洪山汉画像石墓中的纺织图位于墓主人迎宾场面的楼阙中。在楼内正中有一织机,机上丝线密布,经纬分明,一女端坐于机架上,正回头与右边三个跪拜之人交谈,机架前方一女头悬丝团正调丝,左边还有一女手摇纺车跪坐纺线②。

---

① 尤振尧、陈永清、周甲胜:《江苏邳县白山故子两座东汉画像石墓》,《文物》1986年第5期。
② 盛储彬、吴公勤、田芝梅:《江苏铜山县伊庄洪山汉画像石墓》,《华夏考古》2007年第1期。

图 2-30 纺织图 徐州贾汪区青山泉子房散存 东汉
(采自张道一《徐州画像石》,译林出版社 2013 年)

图 2-31 纺织、舞乐和出行图 邳县白山故子一号画像石墓 东汉
(采自张道一《徐州画像石》,译林出版社 2013 年)

粮食加工图

江苏泗洪重岗汉画像石墓西室的西壁上部,在一幅庖厨图中有粮食加工的图像。画面中砻谷在上,舂米在下。砻分两扇,顶部有承粮谷之漏斗,下有接已加工好粮谷的承盘。砻右一位妇女弓步张开,正使劲推动连接砻体的 T 形磨架。舂米者也是一位妇女,双手合握一杵,弓步张开,向左面亚腰形大臼中杵、舂①。这幅画面比较形象地向我们展示了汉人如何将谷物糠壳砻磨并杵舂这样一个连续的粮食生产过程。

狩猎图

江苏泗洪重岗汉画像石墓中有一幅表现墓主人外出狩猎威风场面的《狩猎图》(图 2-32)。位于画面中部的墓主人头戴高冠,身佩环首刀,骑于马上,马头饰华丽配饰,昂首疾驰,威风凛凛,动感强烈。马前一侍从,手持双齿叉大步疾行,其下有

图 2-32 狩猎图 泗洪重岗画像石墓 西汉晚期
(采自尤振尧、周陆晓《江苏泗洪重岗汉画象石墓》,《考古》1986 年第 7 期)

两只猎犬正狂逐两只奔鹿,犬突冲争先,鹿张皇回顾,十分生动②。

东汉彭城相缪宇墓中狩猎图的场面更为壮观。该幅狩猎图位于前室西壁的横额上,包括出猎和田猎两部分:出猎部分上格似为墓主人出行场面;田猎部分左端残损,上格、下格各有四猎人,飞禽走兽有十多种③。

---

① 尤振尧、周陆晓:《江苏泗洪重岗汉画象石墓》,《考古》1986 年第 7 期。
② 尤振尧、周陆晓:《江苏泗洪重岗汉画象石墓》,《考古》1986 年第 7 期。
③ 尤振尧、陈永清、周晓陆:《东汉彭城相缪宇墓》,《文物》1984 年第 8 期。

耕种图

耕种图形象地展现了汉人农业生产的场景,目前这类题材在江苏仅见两幅,这为探讨江苏地区汉代牛耕技术的发展提供了不可多得的图像资料。泗洪重岗汉画像石墓东墓室西壁有一幅《耕种图》(图2-33)。该幅

图 2-33　耕种图　泗洪重岗画像石墓　西汉晚期
(采自尤振尧、周陆晓《江苏泗洪重岗汉画象石墓》,《考古》1986年第7期)

画像中心是墓主人出行图,但在其右侧有一幅耕种图作陪衬。画面中共有农夫五人。上面是牛耕,二牛抬扛,共拉一犁,前有一人用绳牵牛,后有一人扶犁。下面为播种,前一人左手挎笆斗,右手撒种,两人在后,用长柄耙子平整土地。五位农夫密切配合,从上到下依次完成了犁耕、播种、覆种这样一次完整的农作过程①。

徐州睢宁双沟一座东汉晚期的画像石墓中也发现《耕种图》(图2-34)一幅。该墓出土的一块画像石分三格,上两格刻历史故事,最下一格刻耕种图。该幅画面有农夫四人,三位大人和一位小孩。每人都有不同的劳动分工:一人举锄作锄草状,一人挑担送水送饭,一人扶犁耕耘,小孩则跟随在牛耕之后,似在播种。路旁还有一辆装满肥料的木车,一头休憩的老牛和一条小狗。整幅画面排列紧凑严密,表现了当时农家辛勤劳作的生动画面②。

---

①　尤振尧、周陆晓:《江苏泗洪重岗汉画象石墓》,《考古》1986年第7期。
②　尤振尧:《睢宁双沟东汉画象石刻〈农耕图〉的剖析》,载1980年江苏省博物馆学会、考古学会成立大会学术论文集(第三册),内部资料,第3-5页。

图 2-34　耕种图 徐州睢宁双沟画像石墓 东汉晚期
（采自汤池主编《中国画像石全集 4》，山东美术出版社 2000 年）

图 2-35　捕鱼图 睢宁墓山画像石一号墓 东汉中晚期
（采自汤池主编《中国画像石全集 4》，山东美术出版社 2000 年）

捕鱼图

徐州睢宁墓山画像石一号墓有一幅《捕鱼图》（图 2-35），但此图穿插在墓主人接待宾客的场景中。捕鱼图在房屋右侧的上部，渔夫三人，用罾罩鱼。其中一人已捕到一条大鱼，他坐在罾上，双脚翘起，左手高举大鱼，引得大鸟前来争食。在捕鱼人的周围，鱼游鸟翔，充满了田园生活情趣。捕鱼图的下部还有数人，其中二人抬杆，上挂大鱼、猪脚和美酒，他们集中面向屋内的墓主人走去，应是向墓主人禀报食物已备好的消息①。

二、历史人物类

江苏、浙江和广东汉代墓室壁画中反映历史人物故事的主要有荆轲刺秦王、皋陶治狱、萧史吹箫、鸿门宴、孔子见老子、泗水捞鼎、老莱子娱亲等。

---

①　仝泽荣：《江苏睢宁墓山汉画像石墓》，《文物》1997 年第 9 期。

荆轲刺秦王图

江苏泗阳打鼓墩樊氏画像石墓墓室中室北面墙壁东侧有《荆轲刺秦王图》。画面中秦王居右,粗眉长髯,头扎漆布帻冠,坐在矮足的床榻上。榻前立一根圆柱,柱上插进一把带缨的匕首,秦王正欲起身躲避。柱子左前跪着一个瘦小的人物,面朝秦王,双手向后示意,面前似一卷展开的简册。其后立一身体魁梧的男子,即荆轲,两手交叉在腹前,双目怒视秦王①。另,浙江海宁东汉画像石墓中也有一幅,画面夸张地表现了荆轲刺秦王斗争高潮的一刹那②。

皋陶治狱图

江苏泗阳打鼓墩樊氏画像石墓墓室中室北面墙壁东侧有《皋陶治狱图》。在画面左侧刻有獬豸与皋陶等形象。据文献记载,皋陶是远古时期舜的助手,相传他断狱公平,执法公正,被后人视为狱神。皋陶造律建狱,是我国古代法制的创立者和声名卓著的法官。关于獬豸,汉代王充《论衡·是应》称其为"一角之羊也,性知有罪。皋陶治狱,其罪疑者,令羊触之。有罪则触,无罪则不触……故皋陶敬羊,起坐事之。"画中只见皋陶头戴高冠,五官端正,面容慈祥,神态镇定,两手轻抚獬豸尾部,正试图制止獬豸过激的行动。在獬豸前面是一位恶人形象,正是獬豸辨识出的不正直之人。恶人面露凶光,神色慌张,目光刁恶、游移,两臂弯曲似在防御獬豸的抵触。艺匠将皋陶和恶人一善一恶的对立形象刻画得栩栩如生,实现了作品思想性与艺术性的高度统一③。

萧史吹箫图

江苏泗阳打鼓墩樊氏画像石墓墓室中室南面墙壁东侧有《萧史吹箫图》。据汉代刘向《列仙传·卷上·萧史》载:"萧史者,秦穆公时人也,善吹箫,能致孔雀、白鹤于

---

① 尹增淮:《江苏泗阳打鼓墩樊氏画像石墓》,《文物》1992年第9期。
② 岳凤霞、刘兴珍:《浙江海宁长安镇画像石》,《文物》1984年第3期。
③ 张春宇、刘振永:《浅析魏晋时期画像石〈皋陶治狱图〉的艺术特色》,《江苏教育学院学报》(社会科学版)2010年第3期。

庭。穆公有女字弄玉，好之，公遂以女妻焉。"又"萧史善吹箫，作凤鸣。秦穆公以女弄玉妻之，作凤楼，教弄玉吹箫，感凤来集，弄玉乘凤、萧史乘龙，夫妇同仙去。"该幅画像中间刻一棵大树，树下萧史吹竖箫，弄玉击掌伴唱，两人对坐在床榻上，旁立一侍者，树下左侧立一白鹤，口衔仙草，随声而舞，树上三只凤鸟或飞或栖①。

孔子见老子图

江苏高淳固城东汉画像砖墓中有一块画像砖分上下两层，上层可能表现的是春秋战国时期刺客的故事。"下层则为孔子见老子"，画面情节较为简单。可见站立两人，其间有一小人，东边那人身体微弓，两人均头戴进贤冠，着长裳②。另邳州占城也出土过一幅《孔子见老子图》（图2-36）③。

图 2-36　孔子见老子图 邳州占城出土祠堂画像 东汉
（采自张道一《徐州画像石》，译林出版社2013年）

鸿门宴图

江苏高淳固城东汉画像砖墓中的《鸿门宴图》共有七人。中间偏西有两人相对坐，其中一人背后立侍女二人。东边有一根带斗拱的立柱，柱旁一人飞舞宝剑，另一人也舞动身躯与之抵对，最东头尚有一人似在指手画脚。此画像表现的应是鸿门宴的故事，其坐者分别为刘邦、项羽，舞剑者是项庄，与之抵对者是项伯，另一人则是谋士范增④。

---

① 尹增淮：《江苏泗阳打鼓墩樊氏画像石墓》，《文物》1992年第9期。
② 陈兆善：《江苏高淳固城东汉画像砖墓》，《考古》1989年第5期。
③ 张道一：《徐州画像石》，译林出版社，2013年，第127页。
④ 陈兆善：《江苏高淳固城东汉画像砖墓》，《考古》1989年第5期。

泗水捞鼎图

徐州大庙画像石墓本是西晋时期的墓葬，但该墓却是后人利用汉画像石而建造，因此墓室内的画像石均为汉代所刻。该墓前室东壁的画像分上下两层，上层为人物建筑图，下层为《泗水捞鼎图》（图2-37）。下层中央刻一半圆形拱桥，桥前立两柱，伸入桥下，两条绳索搭在柱的顶端。有一人短衣露足，正面站在桥中间，双手扶绳索。桥上两侧各立七人，抓住绳索向后拖曳。桥下有一巨鼎，附耳被两条绳索系住，一龙首现于鼎口，正用利齿咬断其右侧绳索，桥上方空白处填以飞鸟①。另，徐州贾汪区还散存一幅构图方式与之相似的《泗水捞鼎图》（图2-38）②。

图2-37 泗水捞鼎图 徐州大庙画像石墓 东汉
（采自孟强、李祥《江苏徐州大庙晋汉画像石墓》，《文物》2003年第4期）

图2-38 泗水捞鼎图 徐州贾汪区散存 东汉
（采自张道一《徐州画像石》，译林出版社2013年）

① 孟强、李祥：《江苏徐州大庙晋汉画像石墓》，《文物》2003年第4期。
② 张道一：《徐州画像石》，译林出版社，2013年，第34页。

图 2-39　二桃杀三士图　徐州十里铺画像石墓　东汉晚期
（采自张道一《徐州画像石》，译林出版社 2013 年）

图 2-40　二桃杀三士图　邳州占城出土祠堂画像　东汉
（采自张道一《徐州画像石》，译林出版社 2013 年）

老莱子娱亲图

浙江海宁东汉画像石墓的墓室北壁西侧最下一层有"老莱子娱亲图"，画中一老者握杖而立，一扮作儿童的老人手举鼓，正在自歌自舞，以娱父母①。

高祖斩蛇图

浙江海宁东汉画像石墓的墓室北壁第二层东端一段似是"高祖斩蛇"的历史故事，只见几个勇士或徒手，或手执盾、剑，正欲力斩面前盘曲腾起的巨蛇②。

二桃杀三士图

徐州十里铺画像石墓中有一幅可能是《二桃杀三士图》（图2-39）的残石，画面上有三个勇士，一人抄手而立，另二人取桃放回，旁边抄手而立者可能是古冶子③。邳州占城出土祠堂画像的《二桃杀三士图》（图 2-40）表现了三位勇士激烈争桃的场景。

---

① 岳凤霞、刘兴珍：《浙江海宁长安镇画像石》，《文物》1984 年第 3 期。
② 岳凤霞、刘兴珍：《浙江海宁长安镇画像石》，《文物》1984 年第 3 期。
③ 张道一：《徐州画像石》，译林出版社，2013 年，第 133 页。

三、宗教思想类

（一）神话传说

这类题材主要有伏羲、女娲、西王母、东王公、羲和捧日、常羲捧月、辟邪逐疫、羽人戏兽和羽人升仙图等。

西王母和东王公图

据毛娜统计，江苏地区的汉画中共发现西王母图像7件（包括1幅民间征集作品）：徐州贾汪区2件，邳州2件，沛县、铜山、睢宁县各1件①。除此，徐州大庙画像石墓中也有西王母和东王公的组合图像②。江苏地区西王母图像最早在西汉末期出现③，早期只有西王母独像，到东汉晚期时才出现与之配对的东王公。

徐州东阁发现一块《西王母图》画像石（图2-41）。西王母正中端坐，左侧有一怪兽吐珠，一羽人持仙草奉献，右侧有三只青鸟。

徐州青山泉白集东汉晚期画像石墓中有西王母和东王公画像。该墓祠堂西壁画像共分七格，西王母位于最上一格，

图2-41 西王母图 徐州东阁征集 东汉
（采自汤池主编《中国画像石全集4》，山东美术出版社2000年）

她端坐中央，两旁有侍者、仙人、神兽、玉兔捣药等图像。东壁与西壁画像布局相似，

---

① 毛娜：《汉画西王母图像研究》，郑州大学博士学位论文，2016年，第42页。
② 孟强、李祥：《江苏徐州大庙晋汉画像石墓》，《文物》2003年第4期。
③ 徐州市博物馆、沛县文化馆：《江苏沛县栖山汉画像石墓清理简报》，《考古学集刊》第2集，中国社会科学出版社，1982年，第112页。

也分七格，东王公正中端坐于最上一格，身旁有蟾蜍、瑞鸟和玉兔捣药等图像①。

徐州大庙画像石墓中的西王母和东王公画像，其画面构图格局大致与青山泉白集相似。该墓前室东壁顶端刻西王母着长衣居中端坐，头戴胜，其右侧有一羽人，屈膝拜谒，两侧有青龙、白虎各一，作奔走状。与之相对的前室西壁顶端则刻《东王公图》（图2-42），两侧各有2个羽人屈膝拜谒②。

伏羲和女娲图

伏羲、女娲多是交尾配对的形象，但也有单独出现的情况，如徐州十里铺画像石墓③。

徐州青山泉白集东汉画像石墓中室西壁刻有一幅女娲图像。女娲作人首蛇身，两手举捧一圆形杯，象征月亮。但与之相对的不是伏羲，而是金乌。在东壁刻三头金乌一身，金乌身呈圆形，两翼张开，其下有一异兽，作长颈，四足，有尾④。

睢宁县双沟散存一幅人首蛇身的《伏羲女娲交尾图》（图2-43），最下方还刻二小人，也是人首蛇身，这种交尾是阴阳和合、男女生殖观念的暗喻。

图2-42　东王公图　徐州大庙画像石墓　东汉
（采自孟强、李祥《江苏徐州大庙晋汉画像石墓》，《文物》2003年第4期）

---

① 尤振尧：《徐州青山泉白集东汉画象石墓》，《考古》1981年第2期。
② 孟强、李祥：《江苏徐州大庙晋汉画像石墓》，《文物》2003年第4期。
③ 江苏省文物管理委员会、南京博物院：《江苏徐州十里铺汉画象石墓》，《考古》1966年第2期。
④ 尤振尧：《徐州青山泉白集东汉画象石墓》，《考古》1981年第2期。

第二章 汉代墓室壁画

图 2-43 伏羲女娲交尾图 睢宁县双沟散存 东汉
（采自汤池主编《中国画像石全集 4》，
山东美术出版社 2000 年）

图 2-44 伏羲女娲图 徐州出土 东汉
（采自顾森主编《中国汉画像拓片精品集》，
西北大学出版社 2007 年）

东部卷·江苏、浙江、福建、广东分卷

徐州还出土过一幅甚为有趣的《伏羲女娲图》（图 2-44）。伏羲女娲盘腿而坐，他们并未交缠在一起，其尾部也并不是常见的蛇身，而是两个倒立的小人。这将伏羲女娲造人的神话传说表现得淋漓尽致，足见古代徐州艺匠们的丰富想象。

徐州利国汉画像石墓中的伏羲、女娲图较多，既有伏羲、女娲单独的画像，又有伏羲女娲交尾的画像，而且这些画像均刻于墓门、中室、后室的门柱之上①。如中室东面门柱上刻《伏羲女娲交尾图》（图2-45），他们人首蛇身，侧面相对，颇为亲密。

羽人戏兽图

羽人戏兽是汉画中的常见题材。南京高淳固城东汉画像砖墓中有一幅《羽人戏兽图》（图2-46）。画面中羽人站于中部，面向左侧的猛虎作调戏状。猛虎身躯细长，昂首伸足，颇为凶猛。羽人背后还有一条张牙舞爪、背生双翼的飞龙②。

日鸟图和月相图

江苏泗洪重岗汉画像石墓中，日鸟图位于西、东两室间窗洞上方，画面中为一三足鸟，引颈展翅，载一轮太阳，日中尚有三鸟，展翅向左飞翔，似为《书·尧典》所记"日中，星鸟，以殷仲春"的日鸟交掩以纪仲春时令的图像。月相图与日鸟图背对，画面中有一大圆月，月中桂树枝叶繁茂，树左玉兔、右蟾蜍。月中有桂、兔、蟾之说源于我国古老的神话，

图2-45　伏羲女娲交尾图
徐州利国画像石墓 东汉晚期
（采自石祚华、郑金星《江苏徐州、铜山五座汉墓清理简报》，《考古》1964年第10期）

图2-46　羽人戏兽图 高淳固城画像砖墓 东汉
（采自陈兆善《江苏高淳固城东汉画像砖墓》，《考古》1989年第5期）

---

① 石祚华、郑金星：《江苏徐州、铜山五座汉墓清理简报》，《考古》1964年第10期。
② 陈兆善：《江苏高淳固城东汉画像砖墓》，《考古》1989年第5期。

但汉画像中集桂、兔、蟾于一月的，这还是首次见到①。

（二）祥瑞辟邪

兽类祥瑞图

此类祥瑞图像在汉代墓室壁画中占有相当大的比重，主要有四神、九尾狐、蟾蜍、玉兔、比翼鸟、翼龙、麒麟、九头兽、苍龙、飞廉、鹭、独角兽、虎、铺首衔环等。这些图像多是组合出现，且多刻于墓室的高处或画面的上部，可能是天上的象征，暗示此处为墓主人升仙之处。

徐州十里铺汉画像石墓中奇禽异兽的题材特别丰富，许多形象均可在神话传说中找到相应来源②。如该墓中室横额背面画像，左、中、右各刻一树，从而将画面分为两组。左边一组为两相对的怪兽（图2-47），左者是双头人面兽，右者是九头的开明兽，前肢生翼，其形象见《山海经·海内西经》："昆仑南渊深三百仞。开明兽身大类虎而九首，皆人面，东向立昆仑上。"右边一组为《羽人戏凤图》（图2-48），旁边有飞鸟环绕。

图2-47 开明兽与双头人面兽图 徐州十里铺画像石墓 东汉晚期
（采自江苏省文物管理委员会、南京博物院《江苏徐州十里铺汉画象石墓》，《考古》1966年第2期）

睢宁征集的一块瑞兽画像分三层（图2-49），上层刻四只青龙游动嬉戏；中层刻二凤鸟交颈，可能是寓意夫妻之间的恩爱；下层刻一只凤鸟展翅而立。

---

① 尤振尧、周陆晓：《江苏泗洪重岗汉画象石墓》，《考古》1986年第7期。
② 江苏省文物管理委员会、南京博物院：《江苏徐州十里铺汉画象石墓》，《考古》1966年第2期。

图 2-48 羽人戏凤图 徐州十里铺画像石墓 东汉晚期
(采自江苏省文物管理委员会、南京博物院
《江苏徐州十里铺汉画象石墓》,《考古》1966 年第 2 期)

图 2-49 青龙、凤鸟图 睢宁县征集 东汉
(采自汤池主编《中国画像石全集 4》,
山东美术出版社 2000 年)

东汉彭城相缪宇墓的后室墓门左侧刻有《瑞兽图》(图 2-50),且附有榜题。上格左刻"福德羊",羊角弯曲,颌下有须,背上立瑞鸟一只;右为"麒麟",似鹿,头上一角,角端呈三角形,长尾,汉画像石中所见麒麟形象较为温驯,与六朝所见的独角、两翼、四足奔腾的猛兽形象迥然有异;下格上方刻"□(虎兮?)禽",为一长颈犬首兽,长尾甩向头部;右下刻"玄武",为龟蛇形象的合体;左上刻"朱鸟",形似鸭子①。

沛县栖山汉画像石墓中有一幅《白虎图》(图 2-51),白虎长相似狸猫,长耳,双目圆瞪,身躯肥胖,显得十分生动可爱②。铜山黄山汉墓有一幅《龙穿璧图》(图 2-52),当是墓主人升仙的媒介。睢宁九女墩汉墓中的龙(图 2-53)、凤(图 2-54)画像动感强

---

① 尤振尧、陈永清、周晓陆:《东汉彭城相缪宇墓》,《文物》1984 年第 8 期。
② 徐州博物馆、沛县文化馆:《江苏沛县栖山汉画像石墓清理简报》,《考古学集刊》第 2 集,中国社会科学出版社,1982 年。

第二章　汉代墓室壁画

图 2-50　瑞兽图　徐州邳州东汉相缪宇墓　公元 151 年
（采自张道一《徐州画像石》，译林出版社 2013 年）

图 2-51　白虎图　沛县栖山汉画像石墓　西汉晚期
（采自汤池主编《中国画像石全集 4》，山东美术出版社 2000 年）

图 2-52　龙穿璧图　徐州铜山黄山汉墓　东汉晚期
（采自张道一《徐州画像石》，译林出版社 2013 年）

东部卷·江苏、浙江、福建、广东分卷

图 2-53 龙图 徐州睢宁九女墩汉墓 东汉晚期
（采自张道一《徐州画像石》，译林出版社 2013 年）

图 2-54 凤图 徐州睢宁九女墩汉墓 东汉晚期
（采自张道一《徐州画像石》，译林出版社 2013 年）

烈，显得颇为凶猛。

徐州汉画像石中还有许多《兽首衔环图》（图 2-55），艺术形式多样，展现了古代艺匠丰富的想象力。张道一说"它（兽首衔环）虽然画着门环，并没有门环的实际作用，而是一种表号；它虽然画的主要是兽首，实际上是代表了兽的整体"，这是一种象征性的手法，"它是门的标志，同时也是守护者"①。

植物祥瑞图

本地区汉墓中用来表示吉祥征兆的植物，主要有常青树、嘉禾和芝草等。但植物祥瑞与兽类祥瑞表示寓意的方法有所不同，"吉祥植物鲜有通过谐音来表示吉祥的，它主要通过植物的形态、生态和价值以及征兆、功用、特征和传说附会来寓意吉祥。"②

常青树，又名不死树，早在《山海经》中就有相关描述，如晋郭璞注《山海经·大

---

① 张道一：《徐州画像石》，译林出版社，2013 年，第 190-193 页。
② 周保平：《汉代吉祥画像研究》，天津人民出版社，2012 年，第 218 页。

第二章 汉代墓室壁画

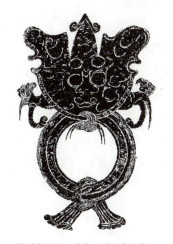
兽首衔环1 睢宁九女墩汉墓

兽首衔环2 铜山散存

兽首衔环3 铜山茅村汉墓

兽首衔环4 睢宁张圩出土

兽首衔环5 铜山白集汉墓

兽首衔环6 徐州利国汉墓

图 2-55 兽首衔环图 1～6
(采自张道一《徐州画像石》，译林出版社 2013 年)

东部卷·江苏、浙江、福建、广东分卷

图 2-56 常青树、凤鸟图 沛县栖山汉墓 东汉早期
（采自汤池主编《中国画像石全集 4》，
山东美术出版社 2000 年）

荒南经》云："甘木，即不死树，食之不老。"又，晋郭璞注《晋书·博物志》云："员丘山上有不死树，食之乃寿。"可见常青树应是长生不死的象征。

常青树是汉画像中经常出现的图像，且常与神鸟组合，从而构成一种内涵丰富的"树-鸟"图像模式①。这种图像最早见于徐州韩山汉墓出土的两块西汉早期的画像石上②。这两块画像石内容相同，且十分简单，仅由常青树、神鸟和圆璧组成。从图像上看，常青树整个呈桃形状，树干直立挺拔，树枝作斜向上生长状，神鸟则栖息于树冠上作展翅欲飞状，在树根的两侧还各悬一璧。此画内容虽简单，但却含有极强的象征内涵。常青树是生命不朽的象征，神鸟则具有引魂升天的功能，璧的"外圆内方"则具有沟通天地的作用，如此"表现了墓主人希望借助常青树、凤鸟、璧这些载体，达到升天成仙长生不老的美好希冀和愿望"③。连云港市王莽时期的桃花涧画像石墓④，以及徐州沛县栖山汉画像石墓中也有与之相似的画像⑤（图 2-56、图 2-57）。

---

① 顾颖：《试析汉画像中的"树-鸟"图像》，《江苏师范大学学报》（哲学社会科学版）2013 年第 6 期。
② 王瑞峰：《徐州韩山汉墓出土的西汉早期画像石》，载中国汉画学会、河南博物院编：《中国汉画学会第十三届年会论文集》，中州古籍出版社，2011 年，第 444-447 页。
③ 王瑞峰：《徐州韩山汉墓出土的西汉早期画像石》，载中国汉画学会、河南博物院编：《中国汉画学会第十三届年会论文集》，中州古籍出版社，2011 年，第 445 页。
④ 李洪甫：《连云港市锦屏山汉画像石墓》，《考古》1983 年第 10 期。
⑤ 徐州博物馆、沛县文化馆：《江苏沛县栖山汉画像石墓清理简报》，《考古学集刊》第 2 集，中国社会科学出版社，1982 年。

另一种植物嘉禾则往往和人们的德、孝联系在一起。《宋书·符瑞志下》曰："嘉禾,五谷之长,王者德盛,则二苗共秀。于周德,三苗共穗;于商德,同本异穗;于夏德,异本同秀。"《艺文类聚·百谷部》引《孝经援神契》曰:"德下至地,则嘉禾生。"在江苏泗阳打鼓墩樊氏画像石墓中就有多株嘉禾作为装饰或背景图案①。另,铜山白集汉墓中也有一幅一人跪拜《嘉禾图》(图2-58)的画面。

蓂荚也是古代传说中的一种祥瑞植物,可能产生于汉代,在汉代象征君德、孝道、节俭吉祥。《淮南子·精神训》曰:"知冬日之蓂、夏日之裘,无用于己,则万物之变为尘埃矣。"可见蓂荚是汉人想象出来的一种类似"电风扇"的植物。又《宋书符瑞志》曰:"在帝位七十年,景星出翼,凤凰在庭,

---

① 尹增淮:《江苏泗阳打鼓墩樊氏画像石墓》,《文物》1992年第9期。

图 2-57　常青树、虎、凤鸟、璧图 沛县栖山汉墓 东汉早期
(采自汤池主编《中国画像石全集4》,山东美术出版社2000年)

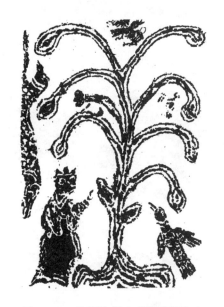

图 2-58　嘉禾图 铜山白集汉墓出土
(采自张道一《徐州画像石》,译林出版社2013年)

图 2-59　蓳莆图　徐州睢宁九女墩汉墓　东汉晚期
（采自张道一《徐州画像石》，译林出版社 2013 年）

朱草生，嘉禾秀，甘露润，醴泉出，日月如合璧，五星如连珠。厨中自生肉，其薄如蓳，摇动则风生，食物寒而不臭，名曰蓳脯。"可知，古人还认为蓳莆有给肉食保质的作用。江苏徐州睢宁九女墩汉墓就出土了《一块蓳莆图》（图 2-59）画像砖。浙江海宁东汉画像石墓的南壁也发现《一幅蓳莆图》（图 2-60）和祥瑞动物的画面，蓳莆在中间，形似风扇，旁有瑞兽三头①。

图 2-60　蓳莆图　浙江海宁画像石墓　东汉晚期
（采自汤池主编《中国画像石全集 4》，山东美术出版社 2000 年）

---

① 潘六坤：《浙江海宁东汉画像石墓发掘简报》，《文物》1983 年第 5 期。

（三）大傩驱鬼图

汉人相信鬼神，相信人死之后的灵魂还继续存在，因此，为了消除恶鬼骚扰，人们往往采取各种驱鬼辟邪的措施，大傩即为其中较为重要的一种宗教驱鬼方式。大傩图在江苏地区发现不多，东汉彭城相缪宇墓的大傩图在后室墓门右侧，石已断裂，画像内容不全，原应为三组，现存正面两组。该幅画像以两组打鬼的神怪为中心，左侧刻一穿短衣、长筒裤，肩扛一器的小人；其右是一睁目龇牙的神怪，双手高举一物，背衬火焰，右边是一虎头大耳神怪，似有须，吐舌镇捕一鬼，两手上举，下方有怪兽、小鬼和火焰等①。又，徐州贾汪区散存有一幅《大傩图》（图2-61），残存部分刻二人头戴面具，举刀挥舞，他们的双脚向外侧张开，踏着有规则的节奏不停地跳动，表现的内容应为方相氏打鬼②。

图 2-61　大傩图　徐州贾汪区散存　东汉

（采自张道一《徐州画像石》，译林出版社2013年）

四、装饰纹样类

江苏、浙江和广东三省汉代墓室壁画的装饰纹样颇为丰富，大致分为两种：几何装饰纹样和祥瑞装饰纹样。几何装饰纹样包括直线纹、三角纹、菱形纹、方格纹、连弧纹、斜条纹和水波纹等，这类装饰多在画面边框处，起着分割画面、美观装饰的作用。祥瑞装饰纹样包括云纹、十字穿璧纹、二龙穿璧纹、柿蒂纹等，这类装饰可安排在画面

---

① 尤振尧、陈永清、周晓陆：《东汉彭城相缪宇墓》，《文物》1984年第8期。
② 邵振奇：《徐州地区汉乐舞百戏画像石考略》，中国戏曲协会等主编：《中华戏曲》（第40辑），文化艺术出版社，2009年，第74页。

图 2-62 轺车图 铜山大泉征集 东汉
（采自汤池主编《中国画像石全集4》，山东美术出版社2000年）

图 2-63 人物交谈图 睢宁县征集 东汉中晚期
（采自汤池主编《中国画像石全集4》，山东美术出版社2000年）

的任何部位，不仅有分割画面场景的作用，而且还有较强的象征性意味。汉代墓室壁画的装饰纹样基本采用均齐、对称、平衡排列或混合组织排列，既有统一的形式感，同时又富于变化，使画面更加完美而极富装饰性。

总体上看，随着汉代墓室壁画的流行，其装饰纹样也呈现出由少至多、由简至繁的发展过程。早期装饰纹样的种类不多，构图形式也较为简单。如西汉晚期的徐州墓山石棺墓，该石棺头档画面中部为相互交叉的两条直线带，足档为平行线组成的三角纹，东西侧棺板中间是三角纹，两侧各有十字穿璧图案，三组画面间以平行线纹①。又，铜山大泉征集的一块《辎车图》（图2-62）画像，上层刻十字穿环，周围饰三角锯齿纹，下层刻辎车，最外围则刻连弧纹。到了东汉中晚期，装饰纹样的种类不仅丰富，而且构图形式也更加变化多端。如睢宁县征集的一块《人物交谈图》（图2-63）画像残石，画面中间刻一房屋，画面外满饰十字穿璧图案，边饰刻菱形纹和连弧纹。

第四节　海上丝绸之路对汉代墓室壁画的影响

汉代海上丝绸之路的存在，最早在《汉书·地理志》中有所记载，其大致路线为：西汉时由两广口岸出海，经东南亚进入印度洋航路的航程，即自日南、障塞、徐闻、合浦下海，航行约5个月，有都元国，再航行4个月，有邑卢没国；又航行20余日，有谌离国；由此步行10余日，有夫甘都卢国。自黄支国返航，船行约8个月，到皮宗；再航行约2个月，就返回日南、象林界②。可见，汉代东南沿海地区就与海外诸国发生了不同程度的联系。

---

① 孟强、耿建军：《江苏徐州市清理五座汉画像石墓》，《考古》1996年第3期。
② （汉）班固撰：《汉书·地理志》第八卷下册，中华书局，1962年，第1671页。

保持海上丝绸之路的畅通与繁荣，船舶是必不可少的工具。早在先秦时期，中国沿海地区就已经利用船只短距离地活动交流，故孔子有"道不行，乘桴浮于海"之语。汉代中国的造船技术已经相当成熟。汉武帝建立了庞大的水师，在昆明湖中训练。据唐代段成式《酉阳杂俎》所引《汉宫殿疏》，汉水师的"豫章大舡"可载千人，舡上建有宫殿。汉代刘熙记载，有一种"楼船"高达十余丈，除了柁、橹、棹等设备外，船舱的第二层有"庐"，第三层有"飞庐"，第四层有"爵室"；而载重500斛的大型兵船还建有第五层用于瞭望的小屋，名曰"斥候"。汉代有楼船参与编队的水师曾在东南沿海作战①。可见，造船技术的先进为海外交流提供了可靠的工具保障。

有学者指出，海上丝绸之路最早的始发港是番禺（今广州），主要依据：番禺区位优越，腹地巨大，具备优良自然条件；番禺地区古越族有纺织传统，秦汉时种桑、养蚕、缫丝，丝织业发达；古越族的造船技术先进，所造的海船备舵和帆；古越族习水行舟，有远航和外贸传统；番禺城在公元前878—前111年一直是岭南区域首府，成为区域政治、文化和经济中心。据考古学研究，广州西汉南越王赵眛墓陪葬的贵重物品有大量丝绸，以及来自东南亚、伊朗、非洲和意大利的进口货，说明华南海上丝路在公元前122之前已开通②。

江苏连云港孔望山摩崖造像是一处佛教、道教和重生信仰结合在一起的图像体系③（图2-64～图2-66）。东汉、三国之时，孔望山所在的朐县属东海郡和东海国，东海郡和东海国隶属徐州，而徐州除辖东海，还有临近的琅邪、彭城、下邳和广陵，这些地方既是佛教最早的传播地，也是道教的发源地。可见，孔望山摩崖造像就是在这样的海外交流大背景下产生的。

---

① 刘迎胜：《丝绸文化·海上卷》，浙江人民出版社，1995年，第8页。
② 赵焕庭：《广州是华南海上丝绸之路最早的始发港（Ⅰ）》，《热带地理》2003年第3期；赵焕庭：《广州是华南海上丝绸之路最早的始发港（Ⅱ）》，《热带地理》2003年第4期。
③ 汪小洋：《孔望山摩崖造像的图像体系讨论》，《民族艺术》2015年第1期。

值得注意的是，邳州东汉相缪宇墓中出土过一尊鎏金铜造像，该造像呈屈膝跪坐状，右手向上举过耳，掌心向前示无畏印，左手触地（图 2-67）。陈永清等考证其为东汉时期的佛像，该墓墓主人缪宇为佛教信徒①。但沈利华认为这尊铜像的姿态实即唐代之"拍弹"，是一种流行于汉唐，兼含说唱艺术的徘优表演②。我们对其是否为佛像也持怀疑态度。

总体上看，汉代海上丝绸之路对墓室壁画图像上的直接影响不是很大，汉画中所表现的多是本土的一些宗教信仰，但我们在江苏、浙江等地的画像石中发现了不少胡人图像③，应是当时文化交流的直接反映。

图 2-64　孔望山摩崖造像全景图　东汉
（采自苏中保主编《海州石刻》，新疆人民出版社 2004 年）

---

① 陈永清、张浩林：《邳州东汉纪年墓中出土鎏金铜佛造像考略》，《东南文化》2000 年第 3 期。
② 沈利华：《邳州东汉缪宇墓出土铜像辨析》，载苏州博物馆编：《苏州文博论丛》（第 1 辑），文物出版社，2010 年，第 74-76 页。
③ 朱浒：《汉画像胡人图像研究》，上海大学博士学位论文，2012 年。

东部卷·江苏、浙江、福建、广东分卷

图 2-65　立佛像 孔望山摩崖造像 东汉
(采自苏中保主编《海州石刻》，新疆人民出版社 2004 年)

图 2-66　东王公 孔望山摩崖造像 东汉
(采自苏中保主编《海州石刻》，新疆人民出版社 2004 年)

图 2-67　鎏金铜造像 邳州东汉相缪宇墓出土 公元 151 年
(采自陈永清、张浩林《邳州东汉纪年墓中出土鎏金铜佛造像考略》，《东南文化》2000 年第 3 期)

第三章 六朝墓室壁画

六朝指的是东吴、东晋、宋、齐、梁、陈这六个朝代。虽说其在历史上的疆域范围时有变化，但地理范围大致包括淮河—秦岭以南的广大南方地区。六朝时期以画像砖墓最为突出，尤其是作为六朝都城的南京及周边地区，由于文化艺术的相对集中，故画像砖墓在这一区域特别发达。整体而言，六朝画像砖墓的突出贡献有四：其一，它开创了大型砖拼壁画，将汉代画像砖的发展推向了高峰；其二，竹林七贤与荣启期题材的出现为研究陆探微以至整个六朝绘画都具有重要意义；其三，佛教题材在六朝画像砖墓中大量出现，为探讨佛教文化与丧葬文化的关系提供了实物资料；其四，六朝画像砖墓的题材内容和艺术风格等还对北朝石窟艺术、墓葬艺术产生过较大影响，甚至远播朝鲜、日本等地。

第一节 遗存梳理

一、遗存的总体数量

据不完全统计，江苏、浙江、福建和广东四省发现和发掘的六朝时期的墓室壁画共有147座，且均为画像砖墓，少数大型墓室的墓砖上同时涂有彩绘，如南京西善桥砖瓦厂南朝黄法氍墓①，丹阳胡桥吴家村墓和建山金家村墓②等，惜南方潮湿未能保存下来。③

---

① 姜林海：《南京西善桥南朝墓》，《文物》1993年第11期。
② 尤振尧：《江苏丹阳县胡桥、建山两座南朝墓葬》，《文物》1980年第2期。
③ 需要说明的是，画像砖有广义和狭义之分。广义指印有几何纹、植物纹、动物纹和人物纹任何一种或几种的墓砖；狭义仅指印有人物和动物的墓砖。本书取其广义。

二、遗存的地域分布

从遗存的地域分布来看，这 147 座六朝画像砖墓主要集中在江苏、浙江和福建三省，广东地区仅发现 1 座。

江苏地区的六朝画像砖墓共有 105 座，以苏南的南京、常州、镇江等地最为密集，计有南京 83 座、常州 6 座和镇江 6 座；而苏中的扬州和苏北的淮安等地仅发现少量画像砖墓。

浙江地区的六朝画像砖墓共有 21 座①，全部集中在浙江杭州市的余杭区②。

福建地区的六朝画像砖墓共有 20 座，其中闽北的南平有 11 座，闽中的福州有 6 座，闽南的泉州有 3 座。

广东地区仅浮云市有画像砖墓 1 座③。

三、遗存的阶段分布

江苏、浙江、福建和广东四省六朝纪年画像砖墓较多，约有 40 余座，最早的纪年墓为东吴永安三年（260）江苏金坛县方麓墓④，最晚的纪年墓为南陈宣帝太建八年（576）南京西善桥砖瓦厂南朝墓⑤，多数纪年墓集中在东吴、两晋时期。

---

① 杭州市文物考古研究所、余杭博物馆编著：《余杭小横山东晋南朝墓》，文物出版社，2013 年，第 333 页；唐俊杰：《浙江省余杭南朝画像砖墓清理简报》，《东南文化》1992 年第 3、4 合期。

② 有资料称早在抗日战争期间，上虞县东关曾发现东晋太宁年间的一座壁画墓，墓室内残存有人物、凤鸟等图像，现情况不明（王伯敏：《中国绘画史》，上海人民美术出版社，1982 年，第 107-108 页）。

③ 古运泉：《广东新兴县南朝墓》，《文物》1990 年第 8 期。

④ 徐伯元：《江苏金坛县方麓东吴墓》，《文物》1989 年第 8 期。

⑤ 姜林海：《南京西善桥南朝墓》，《文物》1993 年第 11 期。

关于六朝画像砖墓的分期，郑岩①、武翔②等各自从不同的角度对其做过探讨。目前，以姚义斌的分期法较为全面，我们重点参考他的成果③。

第一期：东吴时期。墓葬沿用汉墓形制，因此双室墓多有出现。画像砖的纹饰也继承了汉代的纹饰传统，纹饰比较单一，多是一些简单的几何纹，刻画线条稚拙。这一时期比较值得关注的是东吴末期莲花纹的出现④，这是佛教影响墓葬的信号。

第二期：西晋时期。此期双室墓开始减少，但仍保持较大比例。画像砖的纹饰除几何形外，还出现了四神、兽面纹、麒麟等反映时人鬼神观念的图像。另值得一提的是，江苏盱眙西晋太康九年（288）的墓中发现了佛像和飞天⑤。

第三期：东晋时期。此期墓室形制以单室墓为主。画像砖纹饰的组合增多，四神和兽面纹等多有出现，莲花纹也变得复杂多样。最值得一提的是南京迈皋桥万寿村东晋永和四年（348）一号

图 3-1　虎啸山丘图　南京迈皋桥万寿村东晋墓　公元 348 年
（采自李蔚然《南京六朝墓清理简报》，《考古》1959 年第 5 期）

墓出现了小型的砖拼壁画《虎啸山丘图》（图 3-1）⑥，这是南朝大型砖拼壁画的渊源。

第四期：宋齐时期。画像砖在江南地区开始有了自己独立发展的轨迹，墓葬形制逐渐固定，单室墓成为主流，墓葬规格以中大型墓为主。此期出现了由数块砖拼镶而成的

---

① 郑岩将其分为三期：东晋时期为第一期；南朝早期（宋齐）为第二期；南朝晚期（梁陈）为第三期（郑岩：《魏晋南北朝壁画墓研究》，文物出版社，2002 年，第 75-77 页）。
② 武翔将其分为五期：东吴时期、西晋、东晋早中期、东晋晚期至宋齐间和梁陈时期（武翔：《江苏六朝画像砖研究》，《东南文化》1997 年第 1 期）。
③ 姚义斌：《六朝画像砖研究》，江苏大学出版社，2010 年，第 95-100 页。
④ 江苏江宁上坊孙吴天册元年（275）墓砖上首次出现了六瓣或八瓣的莲花纹，该墓还出土了谷仓罐佛像，可见该墓受佛教不小影响（《文物资料丛刊·第 8 辑》，文物出版社，1983 年）。
⑤ 林树中编著：《六朝艺术》，南京出版社，2004 年，第 26 页。
⑥ 李蔚然：《南京六朝墓清理简报》，《考古》1959 年第 5 期。

复合式大型砖画。壁画题材内容变得丰富，出现了竹林七贤和荣启期，以及墓主人出行等诸多现实生活画面。同时，受佛教影响，此时在墓砖上出现了大量与佛教思想相关的内容。

第五期：梁陈时期。这一时期的画像砖墓继承了前一阶段的发展势头，画像砖墓的数量巨大。莲花纹、忍冬纹、卷草纹等纹样变得复杂多变。萧梁时期，南朝佛教最为兴盛，因此，此时画像砖墓中反映佛教思想的题材最为丰富，飞天、莲花化生、供养人和僧人等较为常见。

第二节　形制类型

一、墓室形制类型

江苏、浙江、福建和广东四省的147座六朝画像砖墓全为砖室结构。根据墓室构筑方式的不同，除5座墓葬形制不详外，我们将其余142座墓葬的墓室形制分为单室墓、双室墓和多室墓三个大类。

与汉代画像石墓的墓室形制以双室墓和多室墓为主不同的是，六朝画像砖墓以单室墓最为流行，且主室附带耳室的情况也比较少见。于此可见六朝墓室形制并没有汉代那样复杂。

（一）单室墓

单室墓的数量最多，约有117座，江苏、浙江和福建三省均有。时间上从东吴时期一直延续至南陈时期，贯穿于整个六朝。

根据墓葬规模和平面结构的差异，我们将其分为三种类型。

A型：墓葬规格在9米以上的大型墓，约有24座，大都出现在南朝中晚期，其墓主人一般为皇室贵族或世家大族。比如，江苏丹阳建山金家村墓可能是东昏侯萧宝卷之墓，胡桥吴家村墓可能是和帝萧宝融之墓①；又如，南京市郭家山东晋温氏家族M10墓是使持节侍中大将军始安忠武公温峤之墓，该墓是南京地区迄今为止正式发掘的可明确墓主身份的东晋墓葬中规模最大的一座②。

根据是否附带耳室，还可分为两式：

A1式，不带耳室。六朝多数大型单室墓都不带耳室，这些单室墓的墓室呈长方形或略带弧形，墓室正前方设一条长甬道，平面大致呈凸字形。

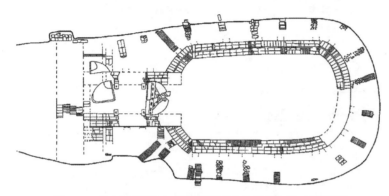

图 3-2 墓室平面图 南京栖霞狮子冲南朝 M1 墓 南梁时期
（采自南京市考古研究所《南京栖霞狮子冲南朝大墓发掘简报》，《东南文化》2015年第4期）

例如，近年在南京栖霞区狮子冲新发现的两座南朝大墓，其墓主人分别为梁昭明太子萧统（M1）及其生母丁贵嫔（M2）。M1墓葬由封土、墓坑、砖室组成。砖室平面略呈凸字形，全长14.2米、宽6.4米（图3-2）。甬道平面呈长方形，其内分布两重石门，石门均可见一对门柱、一件半圆形门楣。墓室平面介于长方形与长椭圆形之间，在东、西壁均发现有模印画像砖拼接的壁画图案，同时还将大量模印画像砖作为普通墓砖用于砖室的砌筑。M2墓的形制与之大体相似③。

---

① 尤振尧：《江苏丹阳县胡桥、建山两座南朝墓葬》，《文物》1980年第2期。
② 岳涌、张九文：《南京市郭家山东晋温氏家族墓》，《考古》2008年第6期。
③ 南京市考古研究所：《南京栖霞狮子冲南朝大墓发掘简报》，《东南文化》2015年第4期。

A2 式，附带耳室。仅见南京大学北园东晋墓①和江宁东善桥砖瓦一厂南朝墓②。南京大学北园东晋墓南北总长 8.04 米，东西总长 9.9 米，由墓门、甬道、主室、侧室甬道、侧室等部分构成。该墓的墓砖纹样以十字纹、五铢钱纹为主，有的还印有八瓣莲花纹。江宁东善桥砖瓦一厂南朝墓更为特别，该墓耳室不在前室两侧，而是附于甬道两侧，在耳室两旁还砌有八块模印男性文官像。

B 型：墓葬规格在 5～9 米的中型墓，约有 65 座，最早见于东吴中晚期，如南京滨江开发区 15 号路六朝 M3 墓③，之后每个时期均有出现，尤以萧梁时期为多。这些墓葬的墓主人身份也较高，多是世家大族或官僚地主中比较有身份地位之人。

根据墓葬平面结构的不同，还可分为三式：

B1 式，平面呈凸字形。这种型式墓的主要特征是墓室呈长方形，在墓室正前方设有甬道。如江苏六合南朝画像砖墓，其平面呈凸字形，全长 5.68 米，由封门墙、甬道、墓室、排水沟等部分构成。墓室长方形，后部设砖砌棺床。此墓甬道两壁、券顶及墓室残壁等部分多用花纹、画像砖砌成④。

B2 式，平面呈椭圆形。此种型式的墓也较为流行，见江苏溧阳果园东晋墓⑤、常州南郊戚家村画像砖墓⑥，以及浙江余杭小横山南朝 M6、M7、M10、M12、M93、M109 墓等⑦。兹以常州南郊戚家村画像砖墓为例（图 3-3）。该墓由甬道及椭圆形墓室组成，其墓室东、西、北三壁作弧形，平面为曲线状，经实测恰与长轴为 6 米、短轴为 3.06 米的椭圆相吻合。墓壁的横剖面也是弧形，到顶部后则用素面砖平砌成三个完整

---

① 南京大学历史系考古组：《南京大学北园东晋墓》，《文物》1973 年第 4 期。
② 陈兆善：《江宁东善桥砖瓦一厂南朝墓发掘简报》，《东南文化》1987 年第 3 期。
③ 周维林、许长生：《南京滨江开发区 15 号路六朝墓清理简报》，《东南文化》2009 年第 3 期。
④ 王志高、蔡明义：《江苏六合南朝画像砖墓》，《文物》1998 年第 5 期。
⑤ 南京博物院：《江苏溧阳果园东晋墓》，《考古》1973 年第 4 期。
⑥ 骆振华、陈晶：《常州南郊戚家村画像砖墓》，《文物》1979 年第 3 期。
⑦ 杭州市文物考古研究所、余杭博物馆编著：《余杭小横山东晋南朝墓》，文物出版社，2013 年。

的小拱及两个半拱，借此小拱使墓壁与券顶合缝相连，成为整个穹隆状的墓顶，可见工匠的巧妙设计。该墓的甬道和墓室，全部壁面布满画像和花纹砖。画像砖的题材有男女像、飞仙、龙、虎、狮子、独角及双角有翼兽、凤凰、神兽，以及各种莲花纹样等。

B3式，平面呈刀形。此种型式的墓仅发现于福建地区，可能是当地六朝时期较为流行的一种墓葬形制，见福建政和石屯凤凰山六朝M36墓①、福建南安市皇冠山六朝M17、M31墓等②。兹以福建政和石屯凤凰山M36墓为例（图3-4）。该墓全长5.89米，由甬道和墓室组成，但甬道不在墓室的中部，而在墓室的左侧。墓砖纹饰为兽面纹、叶脉纹、叶脉纹与四出钱纹组合等。

C型：墓葬规格在5米以下的小型墓，约有28座，六朝各个时期都有出现，其墓主人为一般官员或平民。由于墓葬规模小，所以画像砖纹样多以花纹为主，少有人物或动物画像。

这些墓葬的平面多呈凸字形，少数墓室带有耳室③。例如，南京市雨花台区警犬研究所六朝一号墓，其墓室平面近长方形，内长3.5米、宽

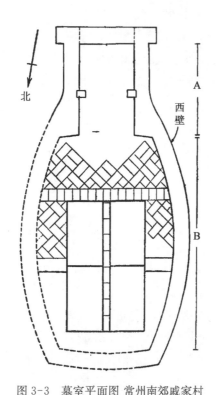

图3-3　墓室平面图　常州南郊戚家村
画像砖墓　南朝后期

（采自骆振华、陈晶《常州南郊戚家村画像砖墓》，《文物》1979年第3期）

---

① 福建博物院：《福建政和石屯六朝墓发掘简报》，《文物》2014年第2期。
② 温松全：《福建南安市皇冠山六朝墓群的发掘》，《考古》2014年第5期。
③ 葛家瑾：《南京御道街标营第一号墓清理概况》，《文物参考资料》1956年第6期。

0.82～0.9米，前窄后宽，墓室后部有砖砌棺床。该墓墓顶、封土护墙所用墓砖均模印有莲花纹图案，墓壁、铺地、封门、祭台用砖均为素面砖①。

（二）双室墓

此种类型的墓葬不多，约有24座，江苏、福建和广东三省均有。大致来看，双室墓有两个较为明显的特点：一是规模多为5～9米的中型墓；二是出现的时间多在东吴、西晋和东晋时期。

根据是否附带耳室，还可分为两种类型：

A型：不带耳室，约有20座。这种类型的双室墓分前后二室，前后室之间设有甬道，甬道有长有短，平面大致呈吕字形，如南京仙鹤山5号墓②、句容西晋元康四年墓③和广东新兴县南朝墓④等。

值得一提的是，南京市富贵山六朝墓M3的双室并不是前后排列，而是左右并列，仅此一例⑤。

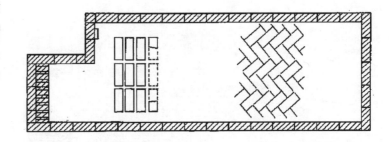

图3-4 墓室平面图 福建政和石屯凤凰山M36墓 东晋
（采自福建博物院《福建政和石屯六朝墓发掘简报》，《文物》2014年第2期）

---

① 南京市博物馆、雨花台区文化广播电视局：《南京市雨花台区警犬研究所六朝墓发掘简报》，《东南文化》2011年第2期。
② 王志高、贾维勇：《南京仙鹤山孙吴、西晋墓》，《文物》2007年第1期。
③ 南波：《江苏句容西晋元康四年墓》，《考古》1976年第6期。
④ 古运泉：《广东新兴县南朝墓》，《文物》1990年第8期。
⑤ 南京市博物馆、南京市玄武区文化局：《江苏南京市富贵山六朝墓地发掘简报》，《考古》1988年第8期。

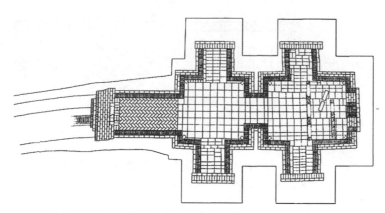

图 3-5　墓室平面图　南京江宁上坊孙吴 M1 墓　孙吴晚期
（采自南京市博物馆等《南京江宁上坊孙吴墓发掘简报》，
《文物》2008 年第 12 期）

B 型：附带耳室，有 4 座。有的墓在前室侧面带一个小耳室，见南京邓府山吴墓①和南京唐家山孙吴墓②；有的墓在前室两侧均带耳室，平面呈十字形，见扬州胥浦西晋 93 号墓③；还有的墓在前后室两侧均带耳室，平面呈双十字形，见南京江宁上坊孙吴墓 M1④。

兹以南京江宁上坊孙吴 M1 墓为例。该墓是一座大型画像砖墓，考古报告称这是迄今发现的规模最大、结构最为复杂的孙吴墓葬，墓主可能是孙皓时期的一位宗室之王（图 3-5）。该墓由封土、墓坑、斜坡墓道、排水沟和砖室等组成，仅墓道就有 10 余米。墓室长 20.16 米、宽 10.71 米，从外向内依次由封门墙、石门、甬道、前室、过道、后室组成，前、后室的两侧对称有耳室，后室的后壁底部还有 2 个壁龛。墓砖上的纹饰主要有钱纹、放射线纹、"十"字形纹、车轨纹等。

（三）多室墓

多室墓在六朝时期极为少见，仅江苏扬州胥浦 70 号墓一例。该墓为中型墓，平面略作品字形，由两个后室共一个前室组成，两后室之间用墙隔开。前室放随葬品，后室

---

① 华国荣：《江苏南京邓府山吴墓和柳塘村西晋墓》，《考古》1992 年第 8 期。
② 南京市博物馆：《南京唐家山孙吴墓》，《东南文化》2001 年第 11 期。
③ 胥浦六朝墓发掘队：《扬州胥浦六朝墓》，《考古学报》1988 年第 2 期。
④ 南京市博物馆、南京市雨花台区文化局：《南京江宁上坊孙吴墓发掘简报》，《文物》2008 年第 12 期。

置棺具,可能是一座夫妇合葬墓。从该墓的结构来看,两后室共一前室的布局,仍保持着东汉晚期的遗风,另该墓的随葬品也常见于东汉末期、东吴时期,因此该墓年代为东吴时期①。

二、壁画形制类型

值得特别关注的是,江苏、浙江、福建和广东四省六朝时期的墓室壁画全为画像砖,这也从一个侧面表明江苏等地的画像石墓至迟在东汉晚期就已基本消失。尽管在徐州地区还发现几座魏晋时期的画像石墓,如徐州佛山画像石墓②和徐州大庙晋汉画像石墓③等,但这些画像石墓均是当时人们利用原有的汉代画像石重新布局改造而成,因此其中的画像石不能作为魏晋时期的作品加以讨论④。

江苏南京西善桥宫山南朝大墓最为典型。该墓墓室两壁"竹林七贤与荣启期"的大型砖印壁画,当时在全国尚属首次发现。稍后在南京、丹阳等地又发现多幅同类题材,这些壁画均发现于帝王陵墓之中,可能是南朝葬制之一⑤。

受六朝中心南京等地的文化影响,福建地区目前也发现 20 座画像砖墓,最早是西晋永康元年(300)福建政和石屯凤凰山 31 号墓⑥,但多数还是集中在南朝中晚期。最为重要者当属福建闽侯南屿南朝墓,该墓为中型券顶单室墓,除墓底和棺床用长方形素砖外,其余全用花纹砖,纹面朝向墓内。墓砖花纹多种多样、变化丰富是该墓的一大特

---

① 胥浦六朝墓发掘队:《扬州胥浦六朝墓》,《考古学报》1988 年第 2 期。
② 耿建军、刘尊志、王学利:《江苏徐州佛山画像石墓》,《文物》2006 年第 1 期。
③ 孟强、李祥:《江苏徐州大庙晋汉画像石墓》,《文物》2003 年第 4 期。
④ 关于魏晋时期出现"再葬画像石墓"的现象,可参见周保平:《徐州的几座再葬汉画像石墓研究——兼谈汉画像石墓中的再葬现象》,《文物》1996 年第 7 期;钱国光、刘照建:《再葬画像石墓的发现与再研究》,《东南文化》2005 年第 1 期。
⑤ 罗宗真:《南京西善桥南朝墓及其砖刻壁画》,《文物》1960 年第 8、9 合期。
⑥ 福建博物院:《福建政和石屯六朝墓发掘简报》,《文物》2014 年第 2 期。

点，其纹样以富于变化的莲花、忍冬、飞天、僧人等佛教题材为主，另有不少青龙、白虎和飞鹤等反映道教神仙思想的纹饰①。

浙江地区的六朝画像砖墓受江苏地区的影响也很大。譬如，余杭小横山南朝画像砖墓 M109 的墓室平面呈椭圆形，画像砖题材内容丰富，尤其是大量的佛教和道教等题材出现在墓室中，这一做法可能是受到了南朝皇族和官僚士族提倡的三教融合和佛、道双修观念的影响②。

广东地区目前仅发现一座南朝刘宋时期的画像砖墓。该墓为中型双室墓，在墓砖上印有菱形格纹、梯形纹和钱纹等简单纹样③。

第三节　题材内容

由于时代变迁，人们对死后世界的宗教信仰观念、信仰体系和信仰方式等均发生了较大变化，因此，与汉代墓室壁画相比，六朝墓室壁画中有关墓主人世俗生活的题材内容明显减少。但是，由于佛教的兴盛和道教的兴起，此时表现佛教、道教思想的内容确有不少增加。

具体来看，六朝墓室壁画的题材内容大致可分为五个方面：其一，反映皇室贵族政治寄托的竹林七贤与荣启期图；其二，镇墓辟邪的各种祥瑞、神兽和羽人等内容；其三，以出行图、侍从图等为主反映墓主人现实生活的内容；其四，与佛教思想相关的内

---

① 王振镛：《福建闽侯南屿南朝墓》，《考古》1980 年第 1 期。
② 杭州市文物考古研究所、余杭博物馆：《浙江余杭小横山南朝画像砖墓 M109 发掘简报》，《文物》2013 年第 5 期。
③ 古运泉：《广东新兴县南朝墓》，《文物》1990 年第 8 期。

容；其五，丰富多变的几何纹、植物纹等装饰图案的内容。

一、竹林七贤与荣启期

竹林七贤与荣启期是南朝皇室贵族墓中最为常见的题材，可能是南朝葬制之一。从考古资料来看，目前共发现8处该类题材的画像砖墓，南京5处，镇江3处：即南京西善桥宫山墓①，南京栖霞狮子冲南朝1号和2号墓②，南京雨花台铁心桥小村南朝1号墓③和南京雨花台石子岗南朝砖印5号壁画墓④；镇江市丹阳胡桥仙塘湾墓⑤，胡桥吴家村墓和建山金家村墓⑥。

竹林七贤是三国魏时七位名人嵇康、阮籍、山涛、向秀、刘伶、阮咸、王戎的合称。《魏氏春秋》曰："康（嵇康）寓居河内之山阳县，与之游者，未尝见其喜愠之色。与陈留阮籍、河内山涛、河南向秀、籍兄子咸、琅邪王戎、沛人刘伶相与友善，游于竹林，号为七贤。"⑦

最早发现的南京西善桥宫山墓的"竹林七贤与荣启期"壁画保存得最为完整。这八个性格特点各不相同的人物绘于墓室南、北壁面上，南壁壁画自外而内为嵇康、阮籍、

---

① 罗宗真：《南京西善桥南朝墓及其砖刻壁画》，《文物》1960年第8、9合期。
② 南京市考古研究所：《南京栖霞狮子冲南朝大墓发掘简报》，《东南文化》2015年第4期。值得一提的是，虽说南京栖霞狮子冲南朝2号墓未能全部发掘，其墓室壁画内容暂不清楚。但是经过对散落的模印画像砖标本进行观察可知，该墓模印画像砖与1号墓的模印画像砖在砖画内容、铭文格式上基本相同，且发现四块砖模印有"王戎""嵇康""阮咸""山涛"四种题名，因此推测该墓也应有竹林七贤题材。
③ 南京市博物馆：《南京市雨花台区铁心桥小村南朝墓发掘简报》，《东南文化》2015年第2期。
④ 南京市博物馆、南京市雨花台区文化局：《南京雨花台石子岗南朝砖印壁画墓（M5）发掘简报》，《文物》2014年第5期。
⑤ 南京博物院：《江苏丹阳胡桥南朝大墓及砖刻壁画》，《文物》1974年第2期。
⑥ 尤振尧：《江苏丹阳县胡桥、建山两座南朝墓葬》，《文物》1980年第2期。
⑦ （晋）陈寿撰：《三国志》卷二一《王粲传》附《嵇康传》裴松之注引《魏氏春秋》，中华书局，1959年，第606页。

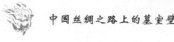

山涛、王戎四人（图3-6），北壁自外而内为向秀、刘伶、阮咸、荣启期四人（图3-7）。各人之间以树木分隔，相互独立。

南壁：嵇康左首绘银杏一株，与画上其他树木均作同根双枝形。他头梳双髻，与王戎、刘伶三人均露髻无巾，双手弹琴，赤足坐于豹皮褥上。画上嵇康怡然弹琴的陶醉，正是他生平好乐的真实写照（图3-8）。

阮籍与嵇康中隔松树一株。只见他头戴帻，身着长袍，一手支皮褥，一手置膝上，吹指作啸状，赤足。其旁置带把酒器一具，器内浮小鸭一只，可能为玩赏之物（图3-9）。世传"嵇琴阮啸"，画上正绘出他们这种

图3-6　竹林七贤与荣启期（南壁）　南京西善桥宫山墓　刘宋时期
（采自姚迁、古兵编著《六朝艺术》，文物出版社1981年）

图3-7　竹林七贤与荣启期（北壁）　南京西善桥宫山墓　刘宋时期
（采自姚迁、古兵编著《六朝艺术》，文物出版社1981年）

潇洒神态。

阮籍之旁为一株槐树，然后为山涛。涛头裹巾，赤足屈膝坐于皮褥上，一手挽袖，一手执耳杯，其前置一瓢樽（图3-10）。

图 3-8 嵇康 南京西善桥宫山墓 刘宋时期
（采自姚迁、古兵编著《六朝艺术》，文物出版社 1981 年）

图 3-9 阮籍 南京西善桥宫山墓 刘宋时期
（采自姚迁、古兵编著《六朝艺术》，文物出版社 1981 年）

山涛之旁，垂柳一株，然后为王戎。戎头露髻，一手靠几，一手弄如意，仰首、屈膝、赤足坐于皮褥上。其前置瓢樽一具，耳杯一只，瓢樽内漂着一件"鸭浮"。戎后为银杏一株，作为南壁壁画的结束（图 3-11）。

北壁：始为向秀，其旁亦先绘银杏一株。秀头戴帻垂带，一肩袒露，赤足盘膝坐皮褥上，闭目倚树，似在深思（图 3-12）。

图 3-10　山涛 南京西善桥宫山墓 刘宋时期
（采自姚迁、古兵编著《六朝艺术》，文物出版社 1981 年）

图 3-11　王戎 南京西善桥宫山墓 刘宋时期
（采自姚迁、古兵编著《六朝艺术》，文物出版社 1981 年）

　　向秀之旁，垂柳一株，然后为刘伶。刘伶露髻，曲一膝，赤足坐于皮褥上，一手持耳杯，一手作蘸酒状，双目凝视杯中，似要将杯中之酒一饮而尽（图 3-13）。

　　刘伶之旁，银杏一株，然后为阮咸。咸头戴帻，垂飘带于脑后，挽袖持拨，弹一四弦乐器，赤足盘膝坐皮褥上（图 3-14）。

图 3-12　向秀 南京西善桥宫山墓 刘宋时期
（采自姚迁、古兵编著《六朝艺术》，文物出版社 1981 年）

图 3-13　刘伶 南京西善桥宫山墓 刘宋时期
（采自姚迁、古兵编著《六朝艺术》，文物出版社 1981 年）

阮咸之旁，阔叶竹一株，直杆有节，然后为荣启期。荣披发、长髯，腰系绳索，弹五弦琴，盘膝坐于皮褥上（图3-15）①。

这幅壁画无论是在线条技法上，还是在人物性格的表现上，作者都处理得相当到位。林树中指出"南京西善桥南朝大墓和南齐三陵《七贤与荣启期》砖印壁画母本的

---

① 罗宗真：《南京西善桥南朝墓及其砖刻壁画》，《文物》1960年第8、9合期。

图 3-14　阮咸 南京西善桥宫山墓 刘宋时期　　　　　图 3-15　荣启期 南京西善桥宫山墓 刘宋时期
（采自姚迁、古兵编著《六朝艺术》，文物出版社1981年）　（采自姚迁、古兵编著《六朝艺术》，文物出版社1981年）

作者应该是陆探微。这一壁画不妨即可作为陆探微的作品来看。"① 可见该类壁画对研究陆探微以至整个六朝绘画都具有重要意义。

又如，新近发现的南京栖霞狮子冲南朝一号墓中有"竹林七贤与荣启期"壁画，惜只存西壁半幅七贤壁画，东壁残损较为严重。从残存的西壁壁画来看，与西善桥墓壁画

---

① 林树中：《再谈南朝墓〈七贤与荣启期〉砖印壁画》，《艺术探索》2005年第1期。

有明显不同,在该墓人物前面绘有羽人戏虎,并且七贤的排列顺序也有了变化,由外向内依次为阮咸、阮籍、山涛和嵇康。

壁画以一株银杏树起头,树干以上树枝呈三枝状。阮咸头戴帻,挽袖,赤足,跌坐于茵褥之上,双手抱弹于胸前,左手指按琴弦,右手指弹拨,低头注目,悠然弹奏四弦乐器。

阮咸之后为一株榉树,其次为一莲花化生图案,其后为阮籍。阮籍头戴帻,面有稀须,袒胸,双足盘坐于茵褥之上,身前置瓢樽。左手置于足上,右手托一耳杯送于口前,似在饮酒。

阮籍之后为一株银杏树,树后为山涛。山涛头戴帻,领有须,面含笑意,身着长袍,盘足而坐,宽衣博带垂于茵褥之上。左手执麈尾于胸前,右手似有所指。

山涛之后为一株高耸挺拔的松树,树后人物头戴帻,双足盘坐于茵褥之上。双手抚琴,身后银杏树旁有题"阮步兵"三字。阮步兵即阮籍,阮籍已见于这组壁画的第二人,两者之中必有重复。细看该人物双手做抚琴状,与西善桥宫山壁画中的嵇康形象一致,故此处应为嵇康,模印"阮步兵"铭文的墓砖应为错砌。嵇康之后以一株银杏树结束①。该墓出土中大通二年(530)纪年画像砖,据考其墓主为梁昭明太子萧统。

关于"竹林七贤与荣启期"题材在南朝画像砖墓中出现的具体含义,近来讨论较多。有的认为画像表现了墓主人对这些著名人物的尊崇和对士族文化的仰慕;有的认为墓葬中以七贤为代表的高士形象是与当时丧葬观念联系在一起,是墓主人希望借此升仙的反映②;有的认为这些画像在墓葬中已经不再是纯粹的"高士",而是作为得道成仙的样板出现的③;有的认为竹林七贤由于其秉承老庄,宣扬玄学,加上世人的渲染、道

---

① 南京市考古研究所:《南京栖霞狮子冲南朝大墓发掘简报》,《东南文化》2015 年第 4 期。
② 郑岩:《魏晋南北朝壁画墓研究》,文物出版社,2002 年,第 209-232 页。
③ 姚义斌:《六朝画像砖研究》,江苏大学出版社,2010 年,第 108 页。

教的流行，使得他们已经有所神化，成为具有道教意义的宗教偶像①；还有的学者认为这是政治寄托的图像，是时人借仰慕高士群体而留有政治态度的反映②等。这些讨论还会持续，但需明确的是，竹林七贤题材目前仅在江苏地区帝王贵族级别的墓葬中使用，表明这种题材应是帝陵装饰规制之一。

二、镇墓辟邪类

四神图

六朝画像砖墓中的四神图像多出现在南朝时期，且多以朱雀、玄武等个体图像存在于墓室中，四神并处的情况较少。

四神同时出现见于余杭小横山南朝 M1 墓③，南京将军山西晋 M12 墓④和镇江东晋画像砖墓⑤。比如，镇江东晋画像砖墓中有大量四神图像，每个图像独立一砖嵌于墓壁内，计有玄武 6 幅、青龙 4 幅、白虎 6 幅和朱雀 8 幅。《玄武图》（图 3-16）龟首上仰，与盘绕的蛇首相对。《青龙图》（图 3-17）龙身与爪盘绕成圆形，双角、张口、吐舌、露齿，线条刚劲有力，犹如在空中游动，在青龙两旁饰以连环半圆火珠纹。《白虎图》（图 3-18）虎身修长，竖双耳，张大口，露齿，钩爪，身向后弯曲作盘绕状，显出了张牙舞爪的凶猛形象，两旁也饰以连环半圆火珠纹。《朱雀图》（图 3-19）凤形，啄嘴，鸡冠，细长颈，双翅展开，尾垂，尾上有三根翎毛，有力地上翘着，一足直立着地，一足向前伸出，似飞翔后刚着落的姿态，颇为生动活泼，两旁饰连环卷云纹⑥。

---

① 赵超：《从南京出土的南朝竹林七贤壁画谈开去》，《中国典籍与文化》2000 年第 3 期。
② 汪小洋：《中国墓室壁画兴盛期图像探究》，《民族艺术》2014 年第 3 期。
③ 杭州市文物考古研究所、余杭博物馆编著：《余杭小横山东晋南朝墓》，文物出版社，2013 年，第 6-41 页。
④ 南京市博物馆、南京市江宁区博物馆：《南京将军山西晋墓发掘简报》，《文物》2008 年第 3 期。
⑤ 陆九皋、刘兴：《镇江东晋画像砖墓》，《文物》1973 年第 4 期。
⑥ 陆九皋、刘兴：《镇江东晋画像砖墓》，《文物》1973 年第 4 期。

 第三章 六朝墓室壁画

图 3-16　玄武图 镇江东晋画像砖墓 公元 398 年
(采自姚迁、古兵编著《六朝艺术》,文物出版社 1981 年)

图 3-17　青龙图 镇江东晋画像砖墓 公元 398 年
(采自姚迁、古兵编著《六朝艺术》,文物出版社 1981 年)

图 3-18　白虎图 镇江东晋画像砖墓 公元 398 年
(采自姚迁、古兵编著《六朝艺术》,文物出版社 1981 年)

东部卷・江苏、浙江、福建、广东分卷

图 3-19　朱雀图 镇江东晋画像砖墓 公元 398 年
（采自姚迁、古兵编著《六朝艺术》，文物出版社 1981 年）

图 3-20　朱雀图 浙江余杭小横山南朝 M1 墓
（采自杭州市文物考古研究所等编著《余杭小横山东晋南朝墓》，文物出版社 2013 年）

又如，浙江余杭小横山南朝 M1 墓中有四神图像，但该墓毁坏严重，仅《朱雀图》（图 3-20）保持完整。朱雀回首展翅欲飞，细颈尖喙，头顶翎毛随风飘动，长尾上翘，双爪斜向并列。

再如，南京将军山西晋 M12 墓的四神图像则较为特殊。四神刻于同一块墓砖上，两侧面分别刻青龙和白虎，两端面分别刻朱雀和玄武，而且上为朱雀，下为玄武，左为青龙，右为白虎，其所蕴含的方位特征十分明显[1]。

此外，江苏邗江两座南朝画像砖墓的墓室两壁各嵌有 23 块朱雀画像砖，这些朱雀双翅展开，长尾上翘至头顶，一足抬起，似作奔跑状，翅及尾部都有花纹[2]。另，南京柳塘村西晋墓中发现了玄武图像[3]。再，江苏宜兴周处一号墓（297）墓砖的侧面

---

[1]　南京市博物馆、南京市江宁区博物馆：《南京将军山西晋墓发掘简报》，《文物》2008 年第 3 期。
[2]　吴炜：《江苏邗江发现两座南朝画像砖墓》，《考古》1984 年第 3 期。
[3]　华国荣：《江苏南京邓府山吴墓和柳塘村西晋墓》，《考古》1992 年第 8 期。

刻画有《白虎图》(图3-21)①。

三足乌图

三足乌是汉画像中颇为流行的题材，六朝画像砖墓中极为少见，江苏金坛县方麓东吴墓中的三足乌应是汉代传统的延续②。

麒麟图

麒麟是中国起源较早的一种神兽，与凤、龙、龟合称为"四灵"。自汉代以来，它还和四神组合在一起称为"五灵"。关于它的形象，在《尔雅·释兽》《说苑·辨物》《汉书·郊祀志》等文献中均有相关描述。江苏六朝画像砖墓中仅见南京将军山西晋M12墓③，该墓中的麒麟图像与青龙、白虎和朱雀三神同刻在一块画像砖的侧面和端面，并有两种形象：一种麒麟张口挺胸，颈部粗壮，四脚撑立，头顶部两耳竖起，头后部有一个角状凸起；另一种麒麟形似马或鹿，口部闭合，颈部较细长，头顶部两耳竖起，头后部无角。据李零考证，"汉以来，学者多谓麒麟是一种麋身、牛尾、狼额、马蹄的神物，雄曰麒而无角，雌曰麟而一角。"④ 可见该墓的麒麟有雌、雄之分。

图 3-21　白虎图 江苏宜兴周处一号晋墓 公元 297 年
(采自罗宗真《江苏宜兴晋墓发掘报告》，
《考古学报》1957 年第 4 期)

---

① 罗宗真：《江苏宜兴晋墓发掘报告——兼论出土的青瓷器》，《考古学报》1957 年第 4 期。
② 徐伯元：《江苏金坛县方麓东吴墓》，《文物》1989 年第 8 期。
③ 南京市博物馆、南京市江宁区博物馆：《南京将军山西晋墓发掘简报》，《文物》2008 年第 3 期。
④ 李零：《论中国的有翼神兽》，载李零：《入山与出塞》，文物出版社，2004 年，第 112 页。

图 3-22　兽面纹 江苏宜兴周处一号晋墓 公元 297 年
（采自罗宗真《江苏宜兴晋墓发掘报告》，
《考古学报》1957 年第 4 期）

兽面纹

兽面纹在晋墓和南朝墓中多有发现。其中，江苏宜兴周处一号墓发现的《兽面纹》（图3-22）多是两个并排的刻于墓砖侧面①。与先秦时期青铜器上那些凶猛神秘的饕餮纹不同的是，该墓的兽面纹多了几分人的面貌，它们大眼圆睁，额头上还刻四五条弧线以示头发，嘴巴大张，在下巴处有胡须数条。

值得注意的是，福建政和石屯凤凰山31、34、36号墓中不仅有兽面纹的单独形象，而且还有与几何纹的组合形象（图3-23）。福建地区的兽面纹较为简略，但绝非艺匠随意刻画之作。南京雨花台南朝画像砖墓②和南京江宁胡村南朝墓③中的兽面纹则刻画得较为细致，显得更为凶猛。

千秋万岁图

千秋万岁像是六朝画像砖墓中常见的一组题材，主要对称地分布在墓室内。从形象上看，千秋为人面鸟身，万岁为兽首鸟身。

比如，镇江东晋画像砖墓的《万岁图》（图3-24）为兽首竖双长耳，颔下有二须，脑后有两根鬣毛，鸟展翅如朱雀状，在两旁饰卷草纹；《千秋图》（图3-25）为人首戴高冠，胸前有交叉的带束，鸟身展翅如朱雀状，两旁饰卷草纹④。

---

① 罗宗真：《江苏宜兴晋墓发掘报告——兼论出土的青瓷器》，《考古学报》1957年第4期。
② 祁海宁、陈大海：《南京市雨花台区南朝画像砖墓》，《考古》2008年第6期。
③ 李翔：《南京市江宁区胡村南朝墓》，《考古》2008年第6期。
④ 陆九皋、刘兴：《镇江东晋画像砖墓》，《文物》1973年第4期。

第三章 六朝墓室壁画

图 3-23　兽面纹　福建政和石屯凤凰山 31、34、36 号墓　六朝早期
（采自福建博物院《福建政和石屯六朝墓发掘简报》，《文物》2014 年第 2 期）

图 3-24　万岁图 镇江东晋画像砖墓 公元 398 年
（采自姚迁、古兵编著《六朝艺术》，文物出版社 1981 年）

图 3-25　千秋图 镇江东晋画像砖墓 公元 398 年
（采自姚迁、古兵编著《六朝艺术》，文物出版社 1981 年）

又如，南京铁心桥王家洼南朝墓的千秋万岁像，虽寥寥数笔，但艺匠却将它们即将一跃而起的动态刻画得栩栩如生（图3-26、图3-27）。

再有，浙江余杭小横山大部分南朝墓中都发现了成对的千秋万岁像。如M7墓中的《千秋图》（图3-28）眉目长大，头顶一根长翎毛，长尾双股，略呈S形上翘；《万岁图》（图3-29）头部平举，正视前方，对称六根翎毛，长尾呈U形展开①。

此外，江苏常州南郊戚家村画像砖墓②，邗江南朝一号、二号画像砖墓③中也见千秋万岁像。

兽首人身图

镇江东晋画像砖墓中发现十幅《兽首人身图》（图3-30）。兽首有双尖耳，双角，圆睛凸出，左手前伸执钩镶，右手向后张握环柄铁刀，两腿前后分开，一曲一直呈箭

图3-26　千秋与朱雀图　南京铁心桥王家洼南朝墓
（采自姚迁、古兵编著《六朝艺术》，文物出版社1981年）

图3-27　万岁与朱雀图　南京铁心桥王家洼南朝墓
（采自姚迁、古兵编著《六朝艺术》，文物出版社1981年）

---

① 杭州市文物考古研究所、余杭博物馆编著：《余杭小横山东晋南朝墓》，文物出版社，2013年，第50-60页。
② 骆振华、陈晶：《常州南郊戚家村画像砖墓》，《文物》1979年第3期。
③ 吴炜：《江苏邗江发现两座南朝画像砖墓》，《考古》1984年第3期。

图 3-28　千秋图 浙江余杭小横山南朝 M7 墓
（采自杭州市文物考古研究所等编著
《余杭小横山东晋南朝墓》，文物出版社 2013 年）

图 3-29　万岁图 浙江余杭小横山南朝 M7 墓
（采自杭州市文物考古研究所等编著
《余杭小横山东晋南朝墓》，文物出版社 2013 年）

图 3-30　兽首人身图 镇江东晋画像砖墓 公元 398 年
（采自姚迁、古兵编著《六朝艺术》，文物出版社 1981 年）

图 3-31　兽首噬蛇图 镇江东晋画像砖墓 公元 398 年
（采自姚迁、古兵编著《六朝艺术》，文物出版社 1981 年）

步，腿臂上均缠有带束，砖四周饰以锯齿纹①。据考，这种形象可能是戴着假面具打鬼的方相氏。

兽首蛙身图

兽首蛙身像仅见江苏邗江南朝一号、二号画像砖墓②和常州南郊戚家村画像砖墓③中。这些画像的基本特征是兽头蛙身、鸟翅蛙腿，正面形象，上肢高举弯曲，并饰有羽毛，两腿向外弯曲作蹲踞状。

兽首噬蛇图

镇江东晋画像砖墓中有 6 幅《兽首噬蛇图》（图 3-31）。兽首似虎，面向左侧，两耳竖立，双手持长蛇，张口作噬蛇腹状。蛇首上曲与兽首相对，似作挣扎欲斗之形。兽独腿爪脚，腿上盘有小蛇，腿左有两条有首的断蛇，腿右有一蛇的断尾④。这类题材可能是《山海经》中所描述的"黑人"形象，《山海经·海内经》："又有黑人，虎首鸟足，

---

① 陆九皋、刘兴：《镇江东晋画像砖墓》，《文物》1973 年第 4 期。
② 吴炜：《江苏邗江发现两座南朝画像砖墓》，《考古》1984 年第 3 期。
③ 骆振华、陈晶：《常州南郊戚家村画像砖墓》，《文物》1979 年第 3 期。
④ 陆九皋、刘兴：《镇江东晋画像砖墓》，《文物》1973 年第 4 期。

两手持蛇,方啗之"。这种神怪执蛇、吞蛇的形象,我们在长沙马王堆西汉一号墓漆画棺上也可见到。

虎首戴蛇图

镇江东晋画像砖墓中还发现了5幅《虎首戴蛇图》(图3-32)。该像虎首,张口,露齿,目作菱形,颔下有须,两肢曲张,勾爪。虎头上戴二人头的蛇身,人头戴高冠,面向两侧,对着似鸡冠花形的图形①。可能也是《山海经》中的神怪。

图3-32 虎首戴蛇图 镇江东晋画像砖墓 公元398年
(采自姚迁、古兵编著《六朝艺术》,文物出版社1981年)

羽人戏龙图和羽人戏虎图

羽人戏龙、虎是汉画中较为常见的引导墓主人升天的题材,六朝时期则多见于南朝皇室贵族大墓中,如江苏丹阳胡桥吴家村墓和建山金家村墓②、丹阳胡桥鹤仙坳南朝大墓(图3-33、图3-34)③、南京栖霞狮子冲南朝1号和2号大墓④、南京市雨花台区铁

---

① 陆九皋、刘兴:《镇江东晋画像砖墓》,《文物》1973年第4期。
② 尤振尧:《江苏丹阳县胡桥、建山两座南朝墓葬》,《文物》1980年第2期。
③ 南京博物院:《江苏丹阳胡桥南朝大墓及砖刻壁画》,《文物》1974年第2期。
④ 南京市考古研究所:《南京栖霞狮子冲南朝大墓发掘简报》,《东南文化》2015年第4期。

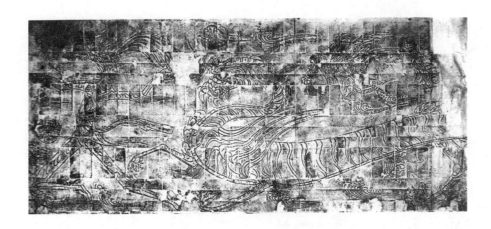

图 3-33　羽人戏虎图　丹阳胡桥鹤仙坳南朝墓
（采自姚迁、古兵编著《六朝艺术》，文物出版社 1981 年）

心桥小村南朝 1 号和 2 号墓①等。

　　羽人戏龙和戏虎图往往在墓室两壁成对出现，且在壁面中占有大幅画面，十分显眼。兹以丹阳胡桥吴家村墓为例。这两幅图像位于墓室前方上部，《羽人戏龙图》（图 3-35、图 3-36）在左壁，《羽人戏虎图》（图 3-37、图 3-38）在右壁。画面宽 2.40 米、高 0.94 米。《羽人戏龙图》砖文自铭为"大龙"，头上双角高竖，全身刻鳞纹，下有四足，每足作三爪，身态修长，张牙舞爪，昂首翘尾，腾空奔驰。龙前刻一羽人，羽人腰束飘带，衣袖、裤管作

图 3-34　羽人戏虎图（线描）丹阳胡桥鹤仙坳南朝墓
（采自林树中《江苏丹阳南齐陵墓砖印壁画探讨》，
《文物》1977 年第 1 期）

---

① 南京市博物馆：《南京市雨花台区铁心桥小村南朝墓发掘简报》，《东南文化》2015 年第 2 期。

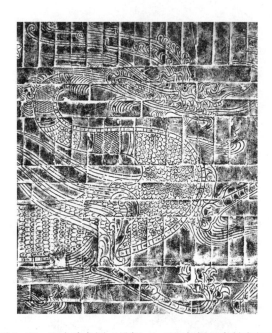
图 3-35 羽人戏龙图（局部一）丹阳胡桥吴家村南朝墓
（采自姚迁、古兵编著《六朝艺术》，文物出版社 1981 年）

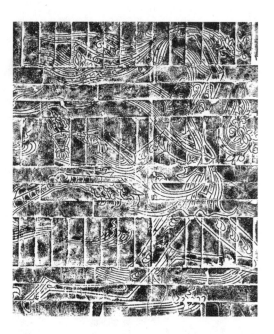
图 3-36 羽人戏龙图（局部二）丹阳胡桥吴家村南朝墓
（采自姚迁、古兵编著《六朝艺术》，文物出版社 1981 年）

羽翼状。羽人右手执一长柄勺，勺下饰花朵，勺中熊熊烈火，火焰蒸蒸上冒，勺内盛的可能是冶炼的丹物；左手握一束仙草，从左上方拂向龙口，作诱龙前进姿势。大龙上方有三"天人"。《羽人戏虎图》砖文自铭为"大虎"，虎亦作张牙舞爪，昂首翘尾，四足奔驰，全身刻虎皮纹。虎前羽人的姿势与大龙前的羽人相同，左手执长柄勺。大虎上方有三"天人"[①]。

---

① 尤振尧：《江苏丹阳县胡桥、建山两座南朝墓葬》，《文物》1980 年第 2 期。

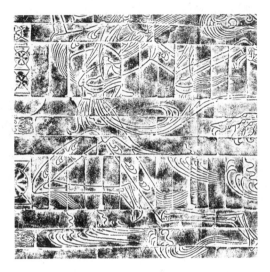 

图 3-37 羽人戏虎图（局部一）丹阳胡桥吴家村南朝墓
（采自姚迁、古兵编著《六朝艺术》，文物出版社 1981 年）

图 3-38 羽人戏虎图（局部二）丹阳胡桥吴家村南朝墓
（采自姚迁、古兵编著《六朝艺术》，文物出版社 1981 年）

仙人骑兽图

目前，六朝画像砖墓中发现有仙人骑龙、虎、凤、凰、鹿五种瑞兽，其目的均是导引墓主人乘兽升天。

浙江余杭小横山南朝 M109 墓室东、西两壁中部对称地分布有两块仙人骑龙、骑虎画像砖，龙、虎前有仙女持仙草作回首引导状。这种图像类似于江苏南朝大墓中的羽人戏虎、戏龙图，可能受到南朝中心文化的影响，但有两点不同：浙江画像龙、虎身上骑有仙人，江苏画像则没有；浙江画像为一砖一画，江苏画像为大型砖拼画。小横山南朝 M109 墓东壁为《仙人骑虎图》（图 3-39），仙人头饰山形发髻，衣带飘飞，身后有一随风飘动的羽扇或幡。座下骑虎身躯瘦长，张口按爪，长尾上翘，两眼直盯仙草，颇为生动。西壁为《仙人骑龙图》（图 3-40），同东壁仙人骑虎基本相同，只是仙人发饰及坐

图 3-39　仙人骑虎图 余杭小横山南朝 M109 墓
（采自杭州市文物考古研究所等编著《余杭小横山东晋南朝墓》，文物出版社 2013 年）

图 3-40　仙人骑龙图 余杭小横山南朝 M109 墓
（采自杭州市文物考古研究所等编著《余杭小横山东晋南朝墓》，文物出版社 2013 年）

骑有所差异①。

浙江余杭小横山南朝 M18 墓室中出土过一幅《仙人骑凤、凰图》(图 3-41)。该块画像砖左侧为男子骑凤，凤细颈弯曲，展翅飞翔，长尾作 S 形上翘，尾翼有三片斑点，凤下踏一朵流云；右侧为男子骑凰，男子手持莲花，花枝随风飘扬，凰为鹤首，孔雀尾巴，双翅展开飞翔，尾部上翘，花纹斑斓，凰下踏流云一朵②。

图 3-41　仙人骑凤、凰图　余杭小横山南朝 M18 墓
（采自杭州市文物考古研究所等编著《余杭小横山东晋南朝墓》，文物出版社 2013 年）

常州南郊田舍村画像砖墓中有一块仙人骑鹿图，该画像模印于砖的端面，由 4 块砖拼成。画面仙女束发，衣带飘舞，骑于鹿身，鹿作回首亲昵状③。

三、现实生活类

六朝画像砖墓中的现实生活类题材以车马出行、仪仗侍卫和侍从为主，主要见于南朝时期的中大型画像砖墓中。

---

①　杭州市文物考古研究所、余杭博物馆编著：《余杭小横山东晋南朝墓》，文物出版社，2013 年，第 215-216 页。
②　杭州市文物考古研究所、余杭博物馆编著：《余杭小横山东晋南朝墓》，文物出版社，2013 年，第 93-103 页。
③　常州市博物馆、武进县博物馆：《江苏常州南郊画像、花纹砖墓》，《考古》1994 年第 12 期。

出行图

六朝画像砖墓中的出行场面没有汉代那么壮观,但很是生动。比如,南京雨花台区南朝 M84 墓出土贵族男子、女子出行图多幅,这些画像砌于墓室前部两侧壁面上。其中一幅《贵族男子出行图》(图 3-42)有五人,皆向右行。骑马者为贵族男子,头戴双翅帽,上穿宽袖对襟衫,下身着裤,裤脚宽大,呈喇叭状。马呈腾起状,两前腿腾空,后腿蹬地。马前、后共有四名仆从。马前一人,头上似戴平顶帻,左手持一棒状物。马后三人,第一人头上似扎髻,紧跟于贵族之后,撑圆盖伞;第二人头扎三小髻,腋下夹席;第三人空手,头上似戴双翅小帽。画面最左端为一低垂的柳树。与之相对的是一幅人物皆向左行走的出行图(图 3-43),构图方式大体相似。此外,该墓还出土有《贵族女子出行图》(图 3-44),其中一幅画像有四人和一辆牛

图 3-42　贵族男子出行图(一)　南京雨花台区南朝 M84 墓
(采自祁海宁、陈大海《南京市雨花台区南朝画像砖墓》,《考古》2008 年第 6 期)

图 3-43　贵族男子出行图(二)　南京雨花台区南朝 M84 墓
(采自祁海宁、陈大海《南京市雨花台区南朝画像砖墓》,《考古》2008 年第 6 期)

车。赶车人在牛车右侧，三名女子立于车后，作即将登车状。这三名女子可能皆为贵族，也有可能中间者为贵族，其余为侍女①。这些出行图对探讨南朝中高级贵族墓葬的装饰规律、南朝绘画艺术的特色等提供了珍贵的图像资料。

又如，江苏丹阳胡桥吴家村墓和建山金家村墓的出行场面较为隆重。建山墓中的出行图位于羽人戏龙虎和竹林七贤画像之下，左右对称，包括骑马武士、执戟侍卫、执扇盖侍从和骑马乐队四组单独画面，各幅画面之间用花纹砖相隔。最前一幅是《骑马武士图》（图3-45），武士披甲，背弓，头戴赤帻，骑在一匹披甲的马上，马首及马尾均饰有羽旋，马作四蹄奔驰状。第二幅是《持戟武士图》（图3-46），武

---

① 祁海宁、陈大海：《南京市雨花台区南朝画像砖墓》，《考古》2008年第6期。

图 3-44　贵族女子出行图　南京市雨花台区南朝 M84 墓
（采自祁海宁、陈大海《南京市雨花台区南朝画像砖墓》，《考古》2008 年第 6 期）

图 3-45　骑马武士图　丹阳建山金家村南朝墓
（采自姚迁、古兵编著《六朝艺术》，文物出版社 1981 年）

图 3-46 持戟武士图 丹阳建山金家村南朝墓
(采自姚迁、古兵编著《六朝艺术》,文物出版社 1981 年)

第三章 六朝墓室壁画

图 3-47　执扇盖侍从图 丹阳建山金家村南朝墓
（采自姚迁、古兵编著《六朝艺术》，文物出版社 1981 年）

东部卷·江苏、浙江、福建、广东分卷

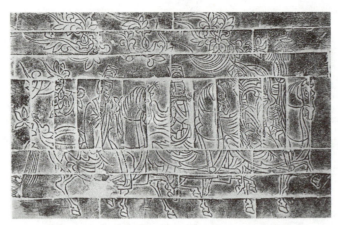

图 3-48 骑马乐队图（东壁）丹阳建山金家村南朝墓
（采自姚迁、古兵编著《六朝艺术》，文物出版社 1981 年）

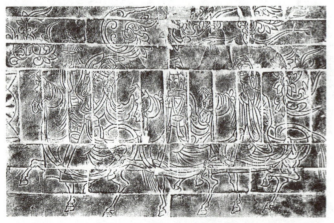

图 3-49 骑马乐队图（西壁）丹阳建山金家村南朝墓
（采自姚迁、古兵编著《六朝艺术》，文物出版社 1981 年）

士头戴广冕，帽下插发簪，身穿宽袖长袍，手执长戟，腰挂一剑，作侍立状。第三幅是《执扇盖侍从图》（图3-47），侍从两人，均戴赤帻，穿大衽上衣，束裤。一人执长扇，一人执伞盖，均作侍立状。第四幅是《骑马乐队图》（图 3-48、图 3-49），三人为一组，各骑一马，马头均饰羽旋，东壁三人依次击鼓、吹箫、吹埙，场面十分热烈①。丹阳胡桥仙塘湾南朝大墓中也有与之相似的出行场面②。

侍从图

侍从像有男女之分。南京江宁区胡村南朝墓中甬道侧壁及大部分墓室侧壁印有侍从像，男侍头戴冠，着长袍，广袖，袍底及地，作拱手状。女侍头饰双环髻，广袖，着高腰裙，裙底及地，亦作拱手状。这些侍从画像刻画线条简单飘

---

① 尤振尧：《江苏丹阳县胡桥、建山两座南朝墓葬》，《文物》1980 年第 2 期。
② 南京博物院：《江苏丹阳胡桥南朝大墓及砖刻壁画》，《文物》1974 年第 2 期。

逸，形象生动逼真，具有较高的艺术价值①。又，南京油坊桥贾家凹南朝画像砖墓也印有大量的《男女侍从图》（图3-50）。稍有不同的是，该墓有的男侍从手持长剑拄地，可能是武士一类的形象；有的女侍从手持莲花作供养状，其佛教意味十分明显②，可能墓主人是一位虔诚的佛教信徒。

浙江余杭小横山南朝M8、M12、M113墓中也发现一些侍女画像。如M12墓《侍女图》（图3-51）中的侍女发髻高耸，脸部方圆，上身穿紧身衣，下身着裙，一手托举瓶状物，一手横置腰间夹一圆筒状物③。M113墓《侍女图》（图3-52）中的侍女头梳双髻，脸型长方，衣服宽大，下着裙，似为侧面而坐④，据文献可知，南朝时期头梳双髻者的身份较低。

文吏图

在南京江宁东善桥砖瓦一厂南朝墓中发现八块模印有男性文吏形象的画像砖。这些文吏像对称站于甬道两侧，形象相同，出自一模。画像砖通高0.40米，人像头戴高冠，脚蹬船形靴，身着中衣，裤子肥大，双手拱

图3-50　男女侍从图　南京油坊桥贾家凹南朝画像砖墓
（采自俞伟超、信立祥主编《中国画像砖全集3》，四川美术出版社2006年）

---

① 李翔：《南京市江宁区胡村南朝墓》，《考古》2008年第6期。
② 华国荣、周裕兴：《南京油坊桥发现一座南朝画像砖墓》，《考古》1990年第10期。
③ 杭州市文物考古研究所、余杭博物馆编著：《余杭小横山东晋南朝墓》，文物出版社，2013年，第89-92页。
④ 杭州市文物考古研究所、余杭博物馆编著：《余杭小横山东晋南朝墓》，文物出版社，2013年，第224-225页。

图 3-51　侍女图　余杭小横山南朝 M12 墓
（采自杭州市文物考古研究所等编著《余杭小横山东晋南朝墓》，文物出版社 2013 年）

图 3-52　侍女图　余杭小横山南朝 M113 墓
（采自杭州市文物考古研究所等编著《余杭小横山东晋南朝墓》，文物出版社 2013 年）

于胸前，面部形象清瘦端庄，美髯垂胸，双眉突出，双眼微睁，制作手法是浮雕和线描的结合，构图规整但略显呆板①。

武士图

武士图出现的位置较为固定，多在墓室南壁和甬道两侧，呈对称排列，其职责应当是保护墓主人安全。前述丹阳胡桥吴家村墓和建山金家村墓中就有武士画像②。

浙江余杭小横山南朝M8、M9、M65、M100、M109墓③，以及余杭庙山南朝墓④均有武士像，这些武士形象基本相同。如M109墓的《武士图》

图3-53 武士图 余杭小横山南朝M109墓
（采自杭州市文物考古研究所等编著《余杭小横山东晋南朝墓》，文物出版社2013年）

（图3-53）对称刻于南壁东墙和西墙，两武士头戴冠，眉清目秀，脑后两边横伸长方圆头形护颈，上身穿裲裆铠，肩有披膊。袖口宽大，双手拄一环首刀，其中一人双手抱持衣物，下穿袴褶，上有铠甲护腿，足蹬翻头履。浙江余杭和江苏丹阳两地的武士像多有相似，据此推测浙江武士画像的粉本可能来自江苏地区。

胡人图

在南京铁心桥王家山东晋晚期墓中发现一幅珍贵的《胡人图》（图3-54）。该胡人

---

① 陈兆善：《江宁东善桥砖瓦一厂南朝墓发掘简报》，《东南文化》1987年第3期。
② 尤振尧：《江苏丹阳县胡桥、建山两座南朝墓葬》，《文物》1980年第2期。
③ 杭州市文物考古研究所、余杭博物馆编著：《余杭小横山东晋南朝墓》，文物出版社，2013年。
④ 唐俊杰：《浙江省余杭南朝画像砖墓清理简报》，《东南文化》1992年第3、4合期。

像为侧面，头戴尖顶帽，大眼圆睁，眼珠高突，鼻长而尖，下颌前伸，双耳肥大。该像刻画用笔虽简单，但人物面部特征鲜明，特别是衣领处寥寥两笔，即将宽肥的衣领表现得惟妙惟肖，体现了一定的绘画技巧①。此外，苏州吴县张陵山晋墓中也发现一块刻有男性裸体像的墓砖，其人头戴高帽，胡须满面，骨瘦如柴，左手叉腰，右手伸出五指，好似砖工们在制砖时相互交谈的形象②，推测该像可能是一位当时在建康砖厂里工作的胡人窑工③。

四、宗教思想类

自东晋以来，佛教逐渐走向兴盛，皇室贵族也开始流行奉佛，进入六朝后期，这一现象更为普遍。因此，此时的墓葬艺术中有大量反映时人佛教思想的题材，包括佛像、飞天、供养人、僧人、狮子、莲花化生和墓室中所装饰的大量莲花、忍冬等纹饰。

佛像

墓葬中的佛像主要有两种存在形式：依附于随葬明器或者绘制于墓室壁画上。汉晋时期的佛像主要出现在明器上，如四川地区的摇钱树、江南地区的魂瓶等，佛像直接出现在墓室壁画上的情况比较少见。

六朝时期开始出现印有佛像的画像砖。江苏盱眙出土的西晋太康九年（288）佛像画像砖，砖正面模印三尊佛像，佛像有项光，作坐姿，肩后生出莲

图 3-54　胡人图　南京铁心桥王家山墓　东晋晚期
（采自贺云翱、邵磊《南京市铁心桥王家山东晋晚期墓的发掘》，《考古》2005 年第 11 期）

---

① 贺云翱、邵磊：《南京市铁心桥王家山东晋晚期墓的发掘》，《考古》2005 年第 11 期。
② 王新、叶玉琪：《吴县张陵山发现晋代铭文砖》，《东南文化》1985 年第 1 期。
③ 该男性裸体像出现在墓室中的用意还不清楚，林树中认为可能与辟邪驱鬼或繁衍后代有关（林树中编著：《六朝艺术》，南京出版社，2004 年，第 27 页）。

蕾①。江苏邗江南朝一号、二号画像砖墓也表现出颇为浓厚的佛教思想。这两座萧梁大墓的墓室中不仅装饰了大量丰富多变的莲花纹，而且还镶嵌有供养人和佛像。一号墓共发现佛像 32 个，分布在墓室砖壁距底面 170 厘米处，其南、北壁偏西处各有 12 个，西壁南、北两侧各有 4 个。这些佛像的形象相同，均端坐在莲花宝座之上，背后为佛座，佛像双手合十，头后似有桃形头光。可见墓主人生前应是一位虔诚的佛教信徒②。

此外，福建南安市皇冠山六朝 M12 墓中发现了带有头光、立于莲座上的人物形象，应该也是佛像（图 3-55）；同墓群的 M23 墓中也发现了疑似佛像的人物③（图 3-56），但也有可能是僧人。

图 3-55　佛教人物图 南安市皇冠山六朝 M12 墓 公元 512 年
（采自温松全《福建南安市皇冠山六朝墓群的发掘》，《考古》2014 年第 5 期）

狮子图

狮子图像在六朝墓室壁画中的出现也是佛教思想的体现，理由主要基于四点：第一，狮子是佛陀的化身。释迦佛的诸多称号都与狮子有关，如"狮子""人中人狮子""人雄狮子""大狮子王"等，佛陀说法又似狮子吼。第二，狮子是佛的护法。在北朝佛教造像的两侧常有狮子形象出现。第三，狮子在墓室中并不是独立出现，而是与其他佛教因素如飞天、莲花、供养人等并存。第四，狮子多出现在南朝中大型画像砖墓中，其墓主人多为崇奉佛法的皇室贵族。

---

① 林树中编著：《六朝艺术》，南京出版社，2004 年，第 26 页。
② 吴炜：《江苏邗江发现两座南朝画像砖墓》，《考古》1984 年第 3 期。
③ 温松全：《福建南安市皇冠山六朝墓群的发掘》，《考古》2014 年第 5 期。

丹阳建山金家村南朝大墓的《狮子图》(图3-57、图3-58)最为典型,可能是其他墓葬狮子画像的粉本来源。这两只狮子位于甬道口与第一重石门之间的左右两壁,砖文自铭为"狮子"。狮子张口吐舌,竖耳,尾上翘呈S形,一爪抬举作蹲踞状,在狮子四周还散刻莲花化生装饰。全图气氛风神骏发,形象、线条流动飞扬,艺术水准极高①。若细致观察,还可发现该墓狮子有雌雄之分,西壁狮子张口更大,身上花斑更多,长尾上翘,显得更为凶猛,应为雄狮;东壁狮子则显得更为温顺一些,应为雌狮。

浙江余杭小横山南朝墓中的狮子较为流行,在M7、M9、M18、M23、M54、M93、M103、M119墓中均有发现②。如M119墓的封门东壁为《雄狮图》(图3-59),大头,张口吐舌,面目狰狞,两鬓鬃毛向斜上方飘拂,前爪抬起,尾部上翘,身上有花纹;封门西壁为《雌狮图》(图3-60),头小,回首张望,表情温顺,身上无花纹。不难看出,浙江南朝墓群中的狮子形象显然继承了江苏南朝大墓中狮子一爪抬举蹲踞姿态,长尾上翘,以及雌雄之分的典型造像特征;但浙江狮子均为一砖一画的做法,似乎

图3-56 佛教人物图
南安市皇冠山南朝M23墓
(采自温松全《福建南安市皇冠山六朝墓群的发掘》,《考古》2014年第5期)

又表明这些墓葬的等级没有江苏帝陵的高,可能是当地南朝贵族的墓葬。

飞天图

受佛教和中国传统羽人思想的相互影响,飞天也是六朝墓室壁画中较为流行的题

---

① 尤振尧:《江苏丹阳县胡桥、建山两座南朝墓葬》,《文物》1980年第2期。
② 杭州市文物考古研究所、余杭博物馆编著:《余杭小横山东晋南朝墓》,文物出版社,2013年。

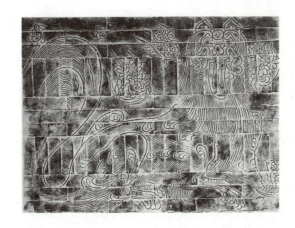
图3-57 狮子（东壁）丹阳建山金家村南朝墓
（采自姚迁、古兵编著《六朝艺术》，文物出版社1981年）

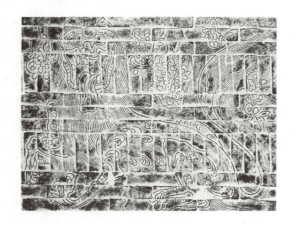
图3-58 狮子（西壁）丹阳建山金家村南朝墓
（采自姚迁、古兵编著《六朝艺术》，文物出版社1981年）

图3-59 雄狮图（东壁） 余杭小横山南朝M119墓
（采自杭州市文物考古研究所等编著《余杭小横山东晋南朝墓》，文物出版社2013年）

图 3-60　雌狮图（西壁）　余杭小横山南朝 M119 墓
（采自杭州市文物考古研究所等编著《余杭小横山东晋南朝墓》，文物出版社 2013 年）

材。从考古资料来看，飞天形象最早见于江苏盱眙西晋太康九年（288）画像砖墓中①。该墓飞天形体修长而瘦削，身体弯曲呈 V 字形，四肢随着身体弯曲的弧度随风舞动，动感十分强烈，可视为龙门北魏石窟"中原式飞天"的较早源头之一。与狮子图像类似，飞天也集中出现在南朝中大型墓中，且与其他佛教图像组合在一起。

丹阳胡桥吴家村墓（图 3-61）和建山金家村墓中有数身飞天漫天飞舞在墓室内。在丹阳大墓中，羽人戏龙、戏虎图的上方各有三飞天，女性打扮，皆髻发束腰，帔帛随风飘舞，作腾空飞翔姿势。如羽人戏龙图上方，在前一人，双手捧盘，盘中置一三足鼎；中间一人，右手托盘，盘中盛装仙果，脸转向后一人；在后一人，右手执杖，杖端悬挂一磬②。这些飞天"秀骨清像"的风格十分明显，显然受到当时陆探微一派审美风尚的影响。

---

① 林树中编著：《六朝艺术》，南京出版社，2004 年，第 26 页。
② 尤振尧：《江苏丹阳县胡桥、建山两座南朝墓葬》，《文物》1980 年第 2 期。

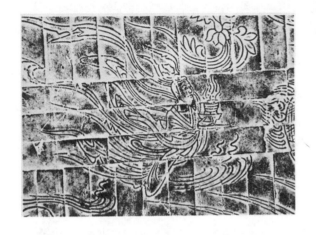

图 3-61 飞天 丹阳胡桥吴家村南朝墓
（采自姚迁、古兵编著《六朝艺术》，文物出版社 1981 年）

浙江余杭小横山南朝墓群中有大量飞天。据分析，余杭飞天有独幅和拼幅两种表现形式，独幅均为线雕，拼幅有线雕和高浮雕两种技法。若按题材可分为伎乐类、供养类和侍从类①。伎乐飞天所持乐器有笙（图3-62）、排箫（图3-63）、箎（图3-64）、琵琶等。她们眉目清秀，面庞圆润，衣带飘舞，飞翔于云气中，显得"仙气"十足。还有一幅保存完整的舞蹈飞天（图3-65），只见她回首屈身，身躯柔软，舞姿优美动人。供养飞天主要是手捧熏炉（图3-66）、盒（图3-67）或瓶（图3-68）等物，多为一砖一画。侍从类飞天主要持羽扇（图3-69）和信幡（图3-70）等物。浙江南朝画像砖墓中飘逸秀美的飞天颇为成熟，很大程度上是受了南朝文化中心南京等地的影响。

图3-62 吹笙飞天 余杭小横山南朝M8墓
（采自杭州市文物考古研究所等编著《余杭小横山东晋南朝墓》，文物出版社2013年）

图3-63 吹排箫飞天
余杭小横山南朝M8墓
（采自杭州市文物考古研究所等编著《余杭小横山东晋南朝墓》，文物出版社2013年）

---

① 刘卫鹏：《浙江余杭小横山南朝画像砖墓飞仙和仙人》，《中国国家博物馆馆刊》2016年第9期。

图 3-64 吹箎飞天 余杭小横山南朝 M109 墓
（采自杭州市文物考古研究所等编著《余杭小横山东晋南朝墓》，文物出版社 2013 年）

图 3-65 舞蹈飞天 余杭小横山南朝 M27 墓
（采自杭州市文物考古研究所等编著《余杭小横山东晋南朝墓》，文物出版社 2013 年）

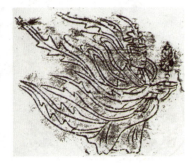

图 3-66　捧熏炉飞天 余杭小横山南朝 M93 墓
（采自杭州市文物考古研究所等编著《余杭小横山东晋南朝墓》，文物出版社 2013 年）

图 3-67　捧盒飞天 余杭小横山南朝 M119 墓
（采自杭州市文物考古研究所等编著《余杭小横山东晋南朝墓》，文物出版社 2013 年）

图 3-68　捧瓶飞天 余杭小横山南朝 M18 墓
（采自杭州市文物考古研究所等编著《余杭小横山东晋南朝墓》，文物出版社 2013 年）

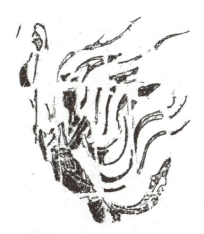

图 3-69　持羽扇飞天 余杭小横山南朝 M65 墓
（采自杭州市文物考古研究所等编著《余杭小横山东晋南朝墓》，文物出版社 2013 年）

图 3-70　持信幡飞天 余杭小横山南朝 M27 墓
（采自杭州市文物考古研究所等编著《余杭小横山东晋南朝墓》，文物出版社 2013 年）

图 3-71　僧人图 福建闽侯南屿南朝墓
（采自王振镛《福建闽侯南屿南朝墓》，《考古》1980 年第 1 期）

僧人图

本地区多座南朝墓中发现了僧人形象。比如，福建闽侯南屿南朝墓中发现诵经和供养的《僧人图》(图 3-71)①。这些僧人位于墓室两壁，光头，身着袈裟，分别作持花供养状和诵经状，可能是为墓主人念经超生。又，福建南安市皇冠山六朝 M12 墓中有一幅可能是僧人苦修的立像。再，同一墓群的 M23 墓中也发现了可能是僧人禅定时的坐像②。

浙江省余杭庙山南朝墓有八位僧人，左、右壁各四人，这些《僧人图》(图 3-72)有双手合十和手持净水器皿两种形象③，反映出佛教思想的较大影响。

供养人图

男、女供养人像在本地区也常有发现。如江苏邗江南朝一号、二号画像砖墓，各有男供养人八个，他们直立正视，身穿交领右衽衣，头戴高冠，脚着云头

图 3-72　僧人图 余杭庙山南朝墓
（采自唐俊杰《浙江省余杭南朝画像砖墓清理简报》，
《东南文化》1992 年第 3、4 合期）

---

①　王振镛：《福建闽侯南屿南朝墓》，《考古》1980 年第 1 期。
②　温松全：《福建南安市皇冠山六朝墓群的发掘》，《考古》2014 年第 5 期。
③　唐俊杰：《浙江省余杭南朝画像砖墓清理简报》，《东南文化》1992 年第 3、4 合期。

履,双手拱于胸前,四个一组对称排列在墓室前部的南、北两壁上。女供养人二十个,有大、小两种形象。大像四个,全身修长,袒胸,外穿交领右衽衣,内穿长裙,头梳双圆髻,脚着云头履,双手拱于胸前,亦四个一组排列在西壁正中处。小像十六个,有十个位于壁龛两侧,另六个分布于墓室南、北、西壁①。

常州南郊戚家村画像砖墓有6幅《女供养人图》(图3-73),除去重复,有四种不同的女性形象。第一种女性头饰双环发髻,细眉小嘴,下巴略圆,眉目清秀,上身着开领宽袖

图 3-73　女供养人图　常州南郊戚家村南朝画像砖墓

(采自俞伟超、信立祥主编《中国画像砖全集3》,四川美术出版社2006年)

---

① 吴炜:《江苏邗江发现两座南朝画像砖墓》,《考古》1984年第3期。

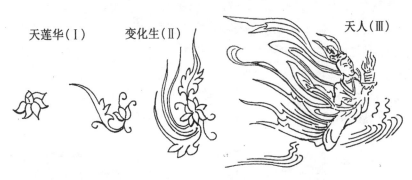

图 3-74　天人诞生示意图　丹阳胡桥吴家村南朝墓
（采自吉村怜《天人诞生图研究》，上海古籍出版社 2009 年）

露臂短衫，下面长裙曳地，双手捧盒；第二种女性双发髻下垂，左手托一博山炉，右手似作舞蹈动作，据林树中考证这应表现的是六朝时期所流行的白纻舞①；第三种女性头发作双髻左右高耸，脸型丰满，上身穿宽袖开襟衫，右手执如意；第四种女性发髻服饰略同三，背略前弯，左手下垂，右手作拈花状②。

莲花化生图

莲花化生是典型的佛教思想的反映，其依据是《法华经》《无量寿经》《佛本行集经》等经典。如《无量寿经》曰："若有众生，明信佛智乃至胜智，作诸功德，信心回向，此诸众生于七宝华中，自然化生，跏趺而坐，须臾之顷，身相光明，智慧功德，如诸菩萨，具足成就。"

南朝不少中大型画像砖墓中都有莲花化生的图像。据日本学者吉村怜考证，江苏南朝帝陵中的莲花化生图像形成了一种"天人（飞天）诞生模式"，这种模式最早见于丹阳三座南齐帝陵中，其诞生过程（图 3-74）是从空中诞生的天莲华（Ⅰ）很快变成变化生（Ⅱ），接着成长为天人（Ⅲ）。此外，在狮子和骑马乐队图的上方也可见到天莲华成长诸过程。这种模式一经产生，就对北朝龙门、巩县等石窟，甚至朝鲜、日本等佛教图

---

① 林树中编著：《六朝艺术》，南京出版社，2004 年，第 66-67 页。
② 骆振华、陈晶：《常州南郊戚家村画像砖墓》，《文物》1979 年第 3 期。

像产生较大影响①。

浙江余杭小横山南朝墓中也发现了大量莲花化生图，有四种类型②：一是一朵莲花中生出一个小孩光头形象，见M119墓（图3-75）；二是一朵莲苞中生出两个小孩光头形象，见M7墓（图3-76）；三是莲花中生出一位头戴花冠的半身女性形象，见M18墓（图3-77）；四是莲花中生出一位双手合十的半身比丘形象，同见M18墓（图3-78）。值得一提的是，浙江余杭的莲花化生与江苏地区不同，或许是当地的创造，或许由其他地方传来，值得深入探讨。

图3-75　莲花化生图　余杭小横山南朝M119墓
（采自杭州市文物考古研究所等编著《余杭小横山东晋南朝墓》，文物出版社2013年）

图3-76　莲花化生图　余杭小横山南朝M7墓
（采自杭州市文物考古研究所等编著《余杭小横山东晋南朝墓》，文物出版社2013年）

---

① （日）吉村怜著，卞立强译：《论南北朝佛像样式史》，载《天人诞生图研究——东亚佛教美术史论文集》，上海古籍出版社，2009年，第120页。
② 刘卫鹏：《余杭小横山南朝画像砖M1分析》，浙江省博物馆编：《东方博物》（第五十一辑），中国书店出版社，2014年，第13-14页。

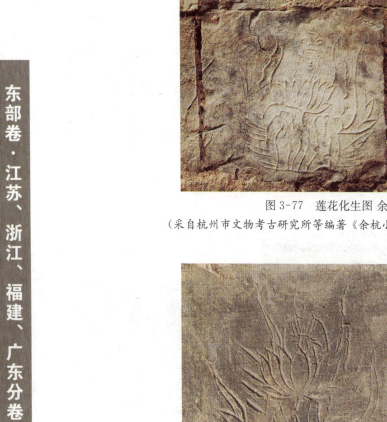

图 3-77　莲花化生图　余杭小横山南朝 M18 墓

（采自杭州市文物考古研究所等编著《余杭小横山东晋南朝墓》，文物出版社 2013 年）

图 3-78　莲花化生图　余杭小横山南朝 M18 墓

（采自杭州市文物考古研究所等编著《余杭小横山东晋南朝墓》，文物出版社 2013 年）

据佛经可知，化生是四生之一，从高到低依次为化生、胎生、卵生、湿生，可见化生为最高级的"生"。化生在自然界中是不存在的，据《阿毗达摩俱舍论》曰："云何化生，谓有情类生无所托，是名化生……无而欲有，故名化生……"那么，化生"可以看作是一种突然由'无'生'有'的超自然的出生。"① 将佛教化生思想装饰到墓葬艺术中，其实就是暗示墓主人在彼岸世界也可以随着莲花开花而"出现"和"诞生"，从而获得来世的"重生"。

宝珠、宝轮图

浙江余杭小横山南朝 M1、M93、M109 等墓中发现了《宝珠图》（图 3-79）。这些宝珠形象大体相似，均从莲座中生长出来，两侧还有向上弯曲的修长枝条。宝珠又称摩尼宝珠，为佛教七宝之一②。宝珠端严殊妙，自然流露清净光明，普照四方。如北魏菩提留支译《大萨遮尼乾子所说经》云："譬如离垢八棱摩尼如意宝珠置在高幢。放大光明随众生愿雨令满足。其光殊胜照曜显现遍照十方。"

关于宝珠纹在墓葬艺术中的宗教内涵，苏铉淑的观点颇具新意，她指出虽说墓葬艺术中宝珠纹的出现受佛教艺术的影响，但其功能与佛教艺术不同，墓葬宝珠纹应继承了汉代的日月和璧图像的象征意义③。

图 3-79　宝珠图 余杭小横山南朝 M1、M93 墓
（采自杭州市文物考古研究所等编著《余杭小横山东晋南朝墓》，文物出版社 2013 年）

---

① （日）吉村怜著，卞立强译：《云冈石窟中莲花化生的表现》，载《天人诞生图研究——东亚佛教美术史论文集》，上海古籍出版社，2009 年，第 24 页。
② 佛教七宝：金轮宝、白象宝、绀马宝、神珠宝、玉女宝、居士宝和主兵宝（《佛说长阿含经》卷三）。
③ （韩）苏铉淑：《东魏北齐庄严纹样研究——以佛教石造像及墓葬壁画为中心》，文物出版社，2008 年，第 215-239 页。

图 3-80　宝轮图　余杭小横山南朝 M52 墓
（采自杭州市文物考古研究所等编著《余杭小横山东晋南朝墓》，文物出版社 2013 年）

浙江余杭小横山南朝 M1、M7、M18、M52 等墓中还发现宝轮图像。宝轮有两种形式：一种《宝轮图》（图 3-80）是圆圈内三根曲线相交于中心，见 M52、M93 墓；一种《宝轮图》（图 3-81）是圆圈内四根曲线相交于中心，见 M1、M7、M18 等墓。宝轮也是佛教七宝之一，其威力无比，为转轮圣王所持法器，将其装饰在墓室中，可能有暗示墓主人希望来生权力巨大之意。

日轮图和月轮图

日轮和月轮图像多对称地刻于墓室甬道口处，其中丹阳建山金家村南朝大墓保存较好。《日轮图》（图 3-82）中刻一鸟两翼张开，作三足，应是三足乌；《月轮图》（图 3-83）中刻一桂树，树下有玉兔捣药，玉兔后足作立状，前足握着长长的杵，臼作高圈足钵形[①]。

仙鹤图

仙鹤形象在六朝墓葬中比较少见。浙江余杭小横山南朝 M113 墓砖上印有

图 3-81　宝轮图　余杭小横山南朝 M7 墓
（采自杭州市文物考古研究所等编著《余杭小横山东晋南朝墓》，文物出版社 2013 年）

――――――

① 尤振尧：《江苏丹阳县胡桥、建山两座南朝墓葬》，《文物》1980 年第 2 期。

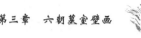

图 3-82　日轮图 丹阳建山金家村南朝墓
（采自姚迁、古兵编著《六朝艺术》，文物出版社 1981 年）

图 3-83　月轮图 丹阳建山金家村南朝墓
（采自姚迁、古兵编著《六朝艺术》，文物出版社 1981 年）

仰首鸣叫的《仙鹤图》(图3-84)①。另在福建闽侯南屿南朝墓中也发现了相向飞行的《仙鹤图》(图3-85)②。仙鹤是道教信仰中长寿成仙的代表，因此，这两座墓葬的墓主人可能信奉道教。

五、装饰纹样类

本地区六朝画像砖墓的装饰纹样可分为两大类：几何纹和植物纹。几何纹主要有网纹、菱形纹、钱纹、三角纹、圆轮纹、细绳纹、弧形纹、放射线纹、米字纹和对角线纹等，稍微复杂一些的形式则是以上纹样的灵活组合；植物纹主要有蕉叶纹、卷草纹、忍冬纹、莲花纹等，尤其是变化丰富的莲花纹样最有特色。有学者指出，"莲花纹自东吴末期出现之后，贯穿六朝，这是六朝画像砖区别于汉代画像砖

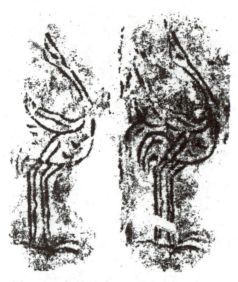

图3-84　仙鹤图　余杭小横山南朝M113墓
（采自杭州市文物考古研究所等编著
《余杭小横山东晋南朝墓》，文物出版社2013年）

图3-85　仙鹤图　福建闽侯南屿南朝墓
（采自王振镛《福建闽侯南屿南朝墓》，《考古》1980年第1期）

---

① 杭州市文物考古研究所、余杭博物馆编著：《余杭小横山东晋南朝墓》，文物出版社，2013年，第225页。
② 王振镛：《福建闽侯南屿南朝墓》，《考古》1980年第1期。

譬如，南京西善桥贾家凹南朝画像砖墓的花纹砖种类甚多，图案变化丰富，线条流畅清晰，装饰性较强。该墓花纹砖有卷草忍冬、缠枝忍冬、莲花、供花、供果及其他花草等多种纹样。根据花纹形状及所模于墓砖的位置不同，忍冬纹可以分为四种样式，莲花纹足有九种不同样式，推测这可能是墓主人有意营造一种佛教净土的美妙世界②。

总的来看，六朝初期的画像砖纹样多以简单的几何纹样为主，复杂的几何组合纹样不多，东晋后期各种纹样的组合形式才逐渐流行起来。莲花纹样在东吴末期开始出现，但直到南朝之前影响都不大。南朝刘宋以后，随着佛教的兴盛，莲花纹样得到了极大发展，不仅数量增多，规格增大，纹样的形式种类也变得丰富多变，至萧梁时期达到了鼎盛。

值得一提的是，福建南安市皇冠山六朝 M17、M19、M23、M28 墓中发现了古乐器《阮咸图》（图 3-86），这在福建地区尚属首次发现，可能是晋人南渡时由中原地区传入。从墓葬形制、装饰和随葬品的数量、工艺推测，这些墓主人身份地位较高，"阮咸"乐应在福建地区上层人群中流行③。关于福建"阮咸"图案是否与南京竹林七贤与荣启期像有相似的宗教信仰内涵，值得深入研究。

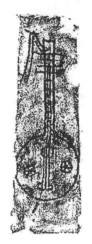

图 3-86　阮咸图 福建南安市皇冠山六朝墓群
（采自温松全《福建南安市皇冠山六朝墓群的发掘》，《考古》2014 年第 5 期）

---

① 武翔：《江苏六朝画像砖研究》，《东南文化》1997 年第 1 期。
② 华国荣、周裕兴：《南京油坊桥发现一座南朝画像砖墓》，《考古》1990 年第 10 期。
③ 温松全：《福建南安市皇冠山六朝墓群的发掘》，《考古》2014 年第 5 期。

第四节　海上丝绸之路对六朝墓室壁画的影响

六朝时期，江苏、浙江、福建和广东四省墓室壁画中最大的变化就是佛教内容的增多，尤其是在南朝时期，诸多与佛教思想相关的内容如莲花纹、飞天、狮子、莲花化生、僧人和供养人等图像大量出现在画像砖墓中，当是南朝佛教信仰兴盛在墓葬中的反映。

佛教在六朝社会获得了空前发展，"上自帝王公卿，下至士庶，靡不禀志归依，厝心崇信。"[1] 据唐朝法琳《辩证论》卷三《十代奉佛篇》载：刘宋时，江南有寺院1 913所，僧尼36 000人；南齐时有寺院2 015所，僧尼32 500人；梁时达到鼎盛。有寺院2 846所，僧尼82 700余人。萧梁时期仅建康地区就有佛寺700余所。侯景之乱，建康城内外遭到毁灭性破坏，寺院有所减少，但后梁境内仍有寺院108所，僧尼3 200人。陈朝则有寺院1 232所，僧尼32 000人。[2] 南京栖霞山千佛崖石窟定是佛教信徒崇佛信奉常去之地，于此可见六朝佛教的盛行状况，这也不难理解为什么六朝画像砖墓中会出现大量与佛教思想相关的题材内容。

佛教信仰之所以会在六朝时期如此盛行，与六朝通过海上丝绸之路与南亚、西亚，以及欧洲等国的商业贸易和文化交流是密不可分的。有学者指出六朝颇为频繁的海外贸易和政治影响，初步形成波斯湾地区、南印度洋区域、东南亚海域，以及东亚海域四个主要海洋贸易区[3]（图3-87）。

六朝时期，本地区与印度交往频繁。三国东吴朱应、康泰曾至扶南，恰遇天竺国使

---

[1] 王焕镳：《首都志》卷一四《宗教·释教》，正中书局，1935年。
[2] （唐）道世《法苑珠林》（四部丛刊本）卷一二〇的记载与此相同。
[3] 朱文涛：《六朝时期的海上交通与对外造物文化交流述略》，《创意与设计》2016年第5期。

至此，得以"具问天竺土俗"，了解情况。笈多王朝和中国互有往来，宋文帝元嘉五年（428），笈多王月爱遣使到达江南的建康访问，并馈赠金刚指环、摩勒金杯等珍贵礼物及赤、白鹦鹉各一只。宋明帝泰始二年（466），笈多王朝又派遣使节来建康访问，亦馈赠礼物。梁武帝天监二年（503），中天竺王屈多派遣使节又来建康，馈赠琉璃唾壶、杂香、古贝等物。陈宣帝太建三年（571），天竺使臣又来建康进行访问。可见两国关系之密切①。

六朝与斯里兰卡的交流也很密切。从文献史料来看，斯里兰卡同中国官方的往来始于五世纪初。东晋义熙元年（405），狮子国国王派遣沙门昙摩携带玉制佛像至建康，该佛像"高四尺二寸，玉色洁润，形制特殊，殆非人工"，这尊玉像被放置在建康瓦官寺，与戴逵雕塑的佛像和顾恺之画的维摩诘像并称为"三绝"。宋文帝元嘉五年（428），狮子国王派遣使节到建康，赠送象牙佛像。南齐永明六年

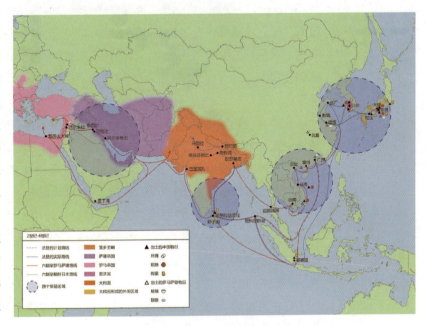

图 3-87　公元二到六世纪六朝的海外海上交通与物质文化交流
（采自朱文涛《六朝时期的海上交通与对外造物文化交流述略》，《创意与设计》2016 年第 5 期）

---

① 罗宗真：《六朝考古》，南京大学出版社，1996 年，第 247 页。

(488),一位外国僧人将北天竺高僧觉音在狮子国所注优波离结集的律藏《善见毗婆沙》带到广州,该律藏保存了佛教的重要纪年"众圣点记",为探讨佛陀的入灭年代提供了依据。来南朝的狮子国僧人中,有的还将一些梵文经典译成汉文。此外,中国比丘尼戒法的传授和设立,也同元嘉六年和十年两批来建康的狮子国比丘尼有较为直接的关系①。

此外,六朝与希腊、罗马、波斯和阿拉伯等国也有交往。三国以来,海上丝绸之路逐渐兴起。东吴于黄龙二年(230)派卫温"浮海求夷州"不久,又进一步巩固了对交州(今广州)的统治权,于是开始了与扶南(今柬埔寨)、林邑(今越南南方)诸国的来往。孙权黄武五年(226),大秦(罗马)商人秦伦从南海来交趾,又从交趾到建邺,一直到嘉禾三年(234)左右始返国。南朝梁武帝中大通二年(530)、大同元年(535),波斯国王派遣使节来建康访问,并赠送佛牙,应该也是从海上远航印度洋到达江南地区的。中国和阿拉伯的来往,最初也是从波斯人那里得知,据西方史料:"回教祖师穆罕默德亦知中国为东方大国。常谓其弟子须往中国学习科学……似由塞尔曼法尔西之介绍,或由阿拉伯沿海之波斯人得知者。当时也门诸港之民,常与波斯湾沿岸各市交易往来。而波斯湾各市,为往来印度、马来半岛及中国南方各船舶汇集之地也。"②

佛教在六朝的兴盛还和一批高僧大德的努力有较大关系,其中影响较大者当属法显。法显是中国第一位到海外取经求法的大师。据《法显传》可知,法显从陆路长安出发至印度,后从海路归建康(图3-88)。据载,他回国时由东天竺著名海港多摩梨帝(今加尔各答西南之德姆卢克)乘商船到狮子国,留两年,续得经本,再乘商船东归,中途经耶婆提(今苏门答腊岛或爪哇岛),换船北航。义熙八年(412),法显在青州长广郡牢山(今青岛崂山)登陆,后转取陆路,于义熙九年(413)到达建康③。高僧法

---

① 胡阿祥、李天石、卢海鸣编著:《南京通史·六朝卷》,南京出版社,2009年,第402-403页。
② 罗宗真:《六朝考古》,南京大学出版社,1996年,第246页。
③ (东晋)法显撰,章巽校注:《法显传校注》,上海古籍出版社,1985年。

显西行求法的意义重大，他"不仅开创了中国僧人西行求法陆往海归的路线，而且扩大了东晋南北朝时期人们的地理知识，为中国古代中西交通的发展做出了杰出贡献。"①

还有不少外国僧人取道海上丝绸之路，来到中国沿海城市，进行宗教文化的交流与传播。昙摩耶舍是当时有确切记载取道海路来中国传播佛教的外国僧人，影响极大。据《高僧传》载，他于晋隆安年间约399年航海抵达广州，创立了王园寺（今光孝寺），建大殿五间，翻译佛教经典，发展僧徒，对广东沿海一带城市的佛教产生了较大影响②。另一位外国僧人求那跋摩三藏，原是罽宾国人，先到狮子国，又从狮子国泛舶至阇婆国，在此弘法，深得尊崇，其导化之声传至南朝宋都建康，以至宋文帝下诏迎请。后他由海路来华，在广州登岸，然后北上始兴，在始兴传法一年多，最后过梅关、越大庾岭入江西，再沿赣江北上长江流域，抵达建康③。中天竺高僧求那跋陀罗，也是先到狮子国，再随舶泛海，备历艰险，抵达广州，后北上京城建康，译经宣法，深受尊崇，轰动一时④。

图 3-88　法显海路回国路线图
（采自朱文涛《六朝时期的海上交通与对外造物文化交流述略》，《创意与设计》2016 年第 5 期）

---

① 郭永琴：《法显与中国古代中西交通》，《五台山研究》2010 年第 3 期。
② （梁）释慧皎：《高僧传》卷一《译经上·晋江陵辛寺昙摩耶舍》，中华书局，1997 年，第 41-43 页。
③ （梁）释慧皎：《高僧传》卷三《译经下·宋京师祇恒寺求那跋摩》，中华书局，1997 年，第 105-108 页。
④ （梁）释慧皎：《高僧传》卷三《译经下·宋京师中兴寺求那跋陀罗》，中华书局，1997 年，第 130-131 页。

值得一提的是，萧梁陵墓上的雕饰也受到了外来文化的影响。较为典型者如萧宏墓碑碑首上的三神王，其中就有来自波斯拜火教（祆教）的二神王。据林树中考证，左侧之神似哈气闪电，当为僻电，右侧的似为呼风唤雨的风神计蒙。又，南朝的陵墓石刻天禄辟邪，其渊源最早也是来自波斯。这些都是海路交流影响的结果①。此外，罗宗真也指出南朝陵墓石刻的风格反映了中外文化交流的结果：六朝陵墓神道石柱如犍陀罗艺术中的哥林多式建筑柱头，即瓜棱直条线纹式，是希腊罗马建筑的特点，这反映了与希腊罗马文化的关系；六朝陵墓中亚述式有翼石兽的作风当受波斯文化影响；六朝陵墓石刻中莲花座及莲花装饰很多，当是印度作风的影响②（图3-89）。

图3-89　江苏句容南康简王萧绩墓神道石柱　南梁时期（邓新航摄影）

---

① 林树中编著：《六朝艺术》，南京出版社，2004年，第41-57页。
② 罗宗真：《六朝陵墓及石刻》，载罗宗真：《探索历史的真相：江苏地区考古、历史研究文集》，江苏古籍出版社，2002年，第101-102页。

第四章 隋唐五代宋元明墓室壁画

有学者指出，隋唐五代宋元时期是中国墓室壁画发展的繁荣期，"这一时期墓室壁画的总体面貌是繁荣和独立：一方面，墓室壁画在世俗化的推动下与其他宗教艺术共同繁荣……另一方面，墓室壁画仍然保留着独立发展的图像体系。"由于国家政治、经济等方面的原因，从墓室壁画的遗存分布来看，"唐代墓室壁画的墓主人多为中上贵族阶层，壁画墓多集中于京畿地区，墓室壁画体现出帝王化图像体系的特征；宋代墓室壁画的墓主人阶层明显降低，壁画墓多分布于经济活动发达地区，墓室壁画体现出平民化图像体系的特征；元代是少数民族入主中原的王朝，这一特殊的政治背景将边疆地区的墓室壁画体系推向了高峰。"① 可见自隋唐以来，中国墓室壁画的中心已经转向了中原北方地区，因此，江苏、浙江、福建和广东四省在这一阶段的墓室壁画遗存不多，整体发展已大不如汉代和六朝时期，但还是有不少艺术价值极高的壁画作品。

第一节　遗存梳理

一、遗存的总体数量

据不完全统计，江苏、浙江、福建和广东四省发现和发掘的隋代至明代的墓室壁画共有 37 座，包括隋代 1 座、唐代 5 座、五代 5 座、宋代 21 座、元代 4 座和明代 1 座。

二、遗存的地域分布

从遗存的地域分布来看，这 37 座隋代至明代的墓室壁画在四省均有分布，但以福建为多。

---

① 汪小洋：《中国墓室壁画繁荣期讨论》，《民族艺术》2014 年第 4 期。

福建地区共有 19 座墓，除 1 座为画像砖墓外，其余 18 座全为壁画墓，其中有 15 座壁画墓集中在闽西三明市的尤溪县和将乐县，地域性特征十分明显。受三明市的影响，闽北的南平市也发现 3 座壁画墓。

江苏地区共有 10 座墓，其中淮安有壁画墓 2 座，徐州有画像砖墓 2 座和画像石墓 1 座，南京有 2 座壁画墓和 1 座砖雕墓①，无锡和镇江各有石椁墓 1 座②。

浙江地区共有 6 座壁画墓，其中 5 座集中出现在杭州，均为晚唐五代遗存。另在嘉兴发现 1 座明代壁画墓③。

广东地区仅在韶关市发现 1 座唐代壁画墓和 1 座宋代壁画墓④。

三、遗存的阶段分布

江苏、浙江、福建和广东四省隋代至明代带有纪年的墓室壁画有 5 座，最早为晚唐光化三年（900）浙江临安钱宽墓⑤，最晚为北宋靖康元年（1126）福建尤溪埔头村宋壁画墓⑥。按照各阶段墓葬特点的差异，现初步将其分为五期：

第一期：晚唐五代时期。集中出现在浙江杭州和江苏南京两地，共有 7 座。这 7 座壁画墓多是皇室贵族的墓葬，如浙江临安五代吴越国康陵⑦、杭州吴越国文穆王钱元瓘 M27 墓⑧，以及南京南唐二陵等。此期墓葬规模很大，全为多室墓，而且有的墓室两侧

---

① 南京市博物馆、江宁区博物馆：《江苏南京南宋周国太夫人墓》，《东南文化》2010 年第 4 期。
② 翁雪花、刁文伟：《江苏江阴市青阳镇里泾坝宋墓》，《考古》2008 年第 3 期；肖梦龙：《江苏金坛南宋周瑀墓发掘简报》，《文物》1977 年第 7 期。
③ 朱伯谦：《浙江嘉善县发现宋墓及带壁画的明墓》，《文物参考资料》1954 年第 10 期。
④ 广东省文物管理委员会、华南师范学院历史系：《唐代张九龄墓发掘简报》，《文物》1961 年第 6 期；杨豪：《广东韶关市郊古墓发掘报告》，《文物》1961 年第 8 期。
⑤ 陈元甫、伊世同：《浙江临安晚唐钱宽墓出土天文图及"官"字款白瓷》，《文物》1979 年第 12 期。
⑥ 陈长根：《福建尤溪县城关镇埔头村发现北宋纪年壁画墓》，《文物》1995 年第 7 期。
⑦ 张玉兰：《浙江临安五代吴越国康陵发掘简报》，《文物》2000 年第 2 期。
⑧ 浙江省文物管理委员会：《杭州、临安五代墓中的天文图和秘色瓷》，《考古》1975 年第 3 期。

还带有耳室数个，颇为复杂。壁画题材以四神十二辰像和星象图最具特色，尤其是星象图的发现，对于了解星象的历史变迁、资料来源或影响等，均有重要价值。此外，南唐二陵的墓室仿木结构建筑彩画开了宋墓建筑彩画装饰之先河①。

第二期：北宋中期至后期。属于这一时期的墓室壁画有尤溪麻洋宋壁画墓②、尤溪县梅仙宋代一号壁画墓③和南平来舟镇宋代墓④等。此期墓室形制以前后双室墓为主，前后两室均有壁画，题材以反映现实生活的人物、亭台、帐幔为多。最有特色的是尤溪麻洋宋壁画墓出现了动物头人身的十二辰像。

第三期：北宋晚期至末年。属于这一时期的墓室壁画较多，典型者如福建尤溪潘山宋代墓⑤、尤溪一中宋墓⑥、江苏淮安宋代二号墓杨公佐墓⑦和江阴市青阳镇里泾坝宋墓⑧等。此期墓室形制以夫妇合葬的并列双室墓为主，还出现了并列三室墓和单室墓。题材内容更为丰富，现实生活气息更为浓郁，有的墓中还出现了墓主人形象。

第四期：南宋时期。属于此期的墓室壁画不多，包括福建尤溪拥口村宋壁画墓⑨和三明市岩前宋M1墓⑩，江苏金坛南宋周瑀墓⑪和南京南宋周国太夫人墓⑫。此期墓室形制变得简单，多为单室墓。题材内容延续前期的风格。

---

① 罗世平、廖旸：《古代壁画墓》，文物出版社，2005年，第139页。
② 杨琮：《福建尤溪麻洋宋壁画墓清理简报》，《考古》1989年第7期。
③ 杨琮：《尤溪县梅仙宋代壁画墓》，《中国考古学年鉴·1990》，文物出版社，1991年，第229-230页。
④ 张文鋆：《福建南平宋代壁画墓》，《文物》1998年第12期。
⑤ 建省博物馆、尤溪县文管会：《福建尤溪宋代壁画墓》，《文物》1985年第6期。
⑥ 福建省博物馆、尤溪县博物馆：《福建尤溪发现宋代壁画墓》，《考古》1991年第4期。
⑦ 罗宗真：《江苏淮安宋代壁画墓》，《文物》1960年第8、9合期。
⑧ 翁雪花、刁文伟：《江苏江阴市青阳镇里泾坝宋墓》，《考古》2008年第3期。
⑨ 陈长根、张文仁：《福建尤溪拥口村发现宋代壁画》，《东南文化》1994年第5期。
⑩ 杨琮、吴秀华：《福建三明市岩前村宋代壁画墓》，《考古》1995年第10期。
⑪ 镇江市博物馆、金坛县文管会：《金坛南宋周瑀墓》，《考古学报》1997年第1期。
⑫ 南京市博物馆、江宁区博物馆：《江苏南京南宋周国太夫人墓》，《东南文化》2010年第4期。

第四章 隋唐五代宋元明墓室壁画

第五期：元明时期。属于此期的墓室壁画共有5座，包括福建将乐光明乡元代壁画墓①，南平市三官堂元代壁画墓②和松溪县元代壁画墓③，江苏徐州大山头元代纪年画像石墓④和浙江嘉善陶家池明代壁画墓⑤。福建地区3座元墓是宋代壁画墓的发展和延续，但墓葬形制比一般的宋墓复杂，题材内容与宋代大致相似。将乐光明乡元墓左室后壁的福禄寿三星壁画，系我国墓室壁画中的孤例。另，南平市三官堂元代壁画墓的建筑彩绘颇具当地特色。此外，元代画像石墓在江苏徐州地区的再次出现，尚属首例。

第二节　形制类型

一、墓室形制类型

江苏、浙江、福建和广东四省晚唐五代时期的墓室结构大都比较复杂，规模也大，应和墓主人身份地位较高有关。但宋代以来的墓室结构趋于简化，平面呈长方形，多不带耳室，墓葬规模基本都在四米左右，其平民化特征较为明显。根据墓室构筑方式的不同，现将其大致分为单室墓、双室墓和多室墓三个大类。

（一）单室墓

此种类型的墓室壁画共有13座，江苏、福建和广东三省均有分布，且各个时期都有。其中比较值得注意的是广东韶关唐代张九龄墓，该墓结构与广东一般唐墓有较

---

① 杨琮：《福建将乐元代壁画墓》，《考古》1995年第1期。
② 张文崟、林蔚起：《福建南平市三官堂元代纪年墓的清理》，《考古》1996年第6期。
③ 杨敬伟：《松溪县发现元代壁画墓》，《福建文博》2009年第1期。
④ 邱永生、徐旭：《江苏徐州大山头元代纪年画像石墓》，《考古》1993年第12期。
⑤ 朱伯谦：《浙江嘉善县发现宋墓及带壁画的明墓》，《文物参考资料》1954年第10期。

图 4-1　侍女蟠桃图（摹本）
广东韶关张九龄墓　公元 741 年
（采自徐光冀主编《中国出土壁画全集 10》，
科学出版社 2012 年）

大不同，在甬道两侧带有两个耳室，平面呈"古"字形，这是汉墓的流行形制，可能和墓主人生前"遵汉制，守古礼"有关。目前，仅在该墓甬道处残存侍女蟠桃和青龙两幅壁画，侍女面庞圆润，体态饱满，表情端庄，是盛唐仕女画的典型形象①（图 4-1）。

福建尤溪潘山宋代壁画墓为券顶砖室，平面呈长方形。墓室长 3.98 米、宽 1.1 米、高 1.4 米。该墓室用青灰色条砖砌筑，墓壁抹白灰，上绘壁画②。

广东韶关 13 号宋墓颇为特别，该墓有上、下两层，即在墓室券顶上加砌一层椭圆形砖椁，为其他地区所不见③。

（二）双室墓

此种类型的墓葬较为流行，共有 13 座。细致来看，还可分为两式。

Ⅰ式，前、后室结构的双室墓。仅见尤溪麻洋宋壁画墓④和南平来舟镇宋代墓⑤（图 4-2）。该式墓的主要特点是前室较小，后室较长，前后室之间有一短甬道相连，棺床放在后室。

---

① 广东省文物管理委员会、华南师范学院历史系：《唐代张九龄墓发掘简报》，《文物》1961 年第 6 期。
② 福建省博物馆、尤溪县文管会：《福建尤溪宋代壁画墓》，《文物》1985 年第 6 期。
③ 杨豪：《广东韶关市郊古墓发掘报告》，《文物》1961 年第 8 期。
④ 杨琮：《福建尤溪麻洋宋壁画墓清理简报》，《考古》1989 年第 7 期。
⑤ 张文崟：《福建南平宋代壁画墓》，《文物》1998 年第 12 期。

第四章　隋唐五代宋元明墓室壁画

Ⅱ式，左、右室并列的双室墓。这类双室墓在宋代、元代十分流行，多为夫妇合葬墓，也有少数墓葬仅在一室内放置棺椁，另一个墓室未被利用，表明墓葬早在墓主人生前多年就已建好。此式墓最大特点是左、右室构筑方式、大小基本相同，显得十分规整，但也有左、右两室前后错开的情况①。兹以尤溪城关宋代壁画墓为例（图4-3）。此墓为长方形砖室券顶墓，墓内筑墙隔成二室，形状、大小相同，各长2.9米、宽1米、高1.5米，壁画分布于左室左、右、后三壁及墓顶，右室未绘壁画，说明并没有死者葬入②。

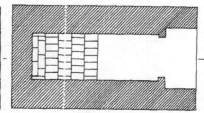

图 4-2　墓室平面图　南平来舟镇宋代墓　北宋
（采自张文崟《福建南平宋代壁画墓》，《文物》1998年第12期）

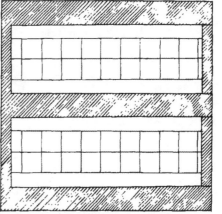

图 4-3　墓室平面图　尤溪城关宋代壁画墓　北宋
（采自福建省博物馆等《福建尤溪城关宋代壁画墓》，《文物》1988年第4期）

---

①　福建博物院、将乐县博物馆：《将乐县大布山南朝唐宋墓群清理简报》，《福建文博》2014年第1期。
②　福建省博物馆、尤溪县文管会、尤溪县博物馆：《福建尤溪城关宋代壁画墓》，《文物》1988年第4期。

（三）多室墓

多室墓集中出现在晚唐五代时期的几座帝王贵族墓中。根据平面布局的不同，也可分为两式。

Ⅰ式，前、中、后三室的多室墓，且每室两侧还带耳室数个，结构颇为复杂。较为典型者如南京南唐烈祖李昪钦陵（943）（图4-4），墓内分前、中、后三室，前室和中室各附东西耳室两间，后室附东西耳室六间。前室和中室之间有圆拱形门洞，中室和后室之间则有短甬道。前室和中室为砖筑，室顶从四面叠砖砌成尖顶穹隆顶，各室内施建筑彩画，颜色鲜艳，线条流畅，后室顶部绘天象图①。中主李璟顺陵（961）的构造与之大体相似。

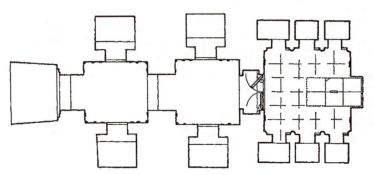

图4-4 墓室平面图 南京南唐烈祖李昪钦陵 公元943年
（采自会昭燏、张彬《南京牛首山南唐二陵发掘记》，《科学通报》1951年第5期）

Ⅱ式，左、中、右三室并列的多室墓，仅见江苏淮安宋代二号壁画墓。该墓各室独立辟门，建造时间有早晚，中室先建，左、右两室后建。从墓志来看，其中室为杨公佐之墓，左、右室为妻子邵氏和周氏之墓②。

二、壁画形制类型

江苏、浙江、福建和广东四省隋代至明代的墓室壁画以彩绘壁画为主，另还有一些砖雕画像和石椁线刻画。

---

① 会昭燏、张彬：《南京牛首山南唐二陵发掘记》，《科学通报》1951年第5期。
② 罗宗真：《江苏淮安宋代壁画墓》，《文物》1960年第8、9合期。

第四章 隋唐五代宋元明墓室壁画

比较典型的福建宋墓壁画，其制作程序是在白灰抹面的墓壁上使用矿物颜料或植物颜料，先勾勒图案的线条轮廓，然后进行描绘涂染。彩画手法作设色平涂和浓淡相间的晕染，工笔细致流畅，构图疏密相间，反映了民间绘画的技艺水平①。此外，福建宋代墓室壁画在绘画手法上多见白描画加红彩者，也有个别单纯白描或白描加黄彩的，以两色为主的情况多见，色彩丰富的壁画较少②，这也是当地的特点。

第三节 题材内容

江苏、浙江、福建和广东四省隋代至明代墓室壁画的题材较为丰富，大致包括现实生活、宗教思想和装饰纹样三大类。值得一提的是，这些墓室壁画多集中于福建三明市尤溪县，其地域性特色明显，应是当地民间社会意识、民风民俗和宗教信仰的反映。

一、现实生活类

现实生活类的题材主要是围绕墓主人生前起居生活而展开，如出行、楼阁亭台、幔帐、盆景和侍仆人物等生活气息浓郁的画面。与中原北方宋代墓室壁画相比，南方地区宋墓有一个较为突出的特点是墓主人形象不多见，偶有出现者也绘于墓顶处③，如近年在福建松溪县新发现的元墓中绘有男、女墓主人像（图4-5），较为特别④。

---

① 林忠干：《福建宋墓分期研究》，《考古》1992年第5期。
② 杨琮：《福建宋元壁画墓初步研究》，《考古》1996年第1期。
③ 尤溪潘山宋代墓的墓顶中部绘头戴长脚乌纱帽，身着圆领宽袖官袍，双手执笏于胸前的人物，应是墓主人升天的形象（福建省博物馆、尤溪县文管会：《福建尤溪宋代壁画墓》，《文物》1985年第6期）。
④ 杨敬伟：《松溪县发现元代壁画墓》，《福建文博》2009年第1期。

出行图

江苏江阴市青阳镇里泾坝宋墓中的出行图内容十分丰富,画面上既有专事厨炊的侍从,又有轿夫和舆夫,其余挑担、荷篮、托盘、把伞者一应俱全①,这是墓主人生前富裕生活的真实写照。

在该墓石椁东、西两侧的椁板 S6 和 S8 上刻有两组生活场景。

S6 画像为浅浮雕,从右至左排列着 11 人的出行队伍,依次编号为 S6:R1-R11,另右下角一人物编为 S6:R12。

S6:R1 为一青年男子形象,面向右。穿交领右衽窄袖衫,腰侧开衩,衫下襟吊起并系于腰间,露出窄腿裤和鞋。左肩荷一食篮,呈前行状;S6:R2 为青年男子形象,面向右,侧身,躬背。穿着与 R1 男子相同。左手似握一物在拳中,右手执一蒲扇。其前方有一食盒,内置两件曲柄、细颈、长流的注子,后方有一方形食盒(图4-6)。

S6:R3 为一手举托盘的青年男子形象;S6:R4 为一光头大耳、面目恭谨的青年男子形象,可能是一位僧人;S6:R5 为一双手捧一合拢伞盖的青年男子形象(图4-7)。

S6:R6-R9 轿夫四人为一组,他们或站或立,四人

图 4-5　女墓主人图　福建松溪县祖墩乡山元村元墓
(采自徐光冀主编《中国出土壁画全集10》,
科学出版社 2012 年)

---

① 翁雪花、刁文伟:《江苏江阴市青阳镇里泾坝宋墓》,《考古》2008 年第 3 期。

第四章 隋唐五代宋元明墓室壁画

图 4-6 出行人物图 1　S6：R1、R2　　　　　图 4-7 出行人物图 2　S6：R3、R4、R5

之间有一顶全遮式轿子，似乎为墓主人准备，以便随时出行（图 4-8）。

S6：R10 为一站立僧人形象，显示墓主人生前可能信佛（图 4-9）。S6：R11 为一站立的仆人形象，身旁还有两个食盒（图 4-10）。S6：R12 为一跪拜官员人物形象。

与 S6 相对的 S8，从左至右平行排列着 10 人的出行队伍，编为 S8：R1-R10，另左下角一人物编为 S8：R11。

S8：R1 为一肩扛交椅的老者形象；S8：R2 为一手捧细流注子的青年男子形象；S8：R3 为一右手托盘的青年男子形象（图 4-11）。

图 4-8 出行人物图 3　S6：R6-R9

145

图 4-9 出行人物图 4 S6：R10、R12

图 4-10 出行人物图 5 S6：R11

图 4-11 出行人物图 6 S8：R1、R2、R3

图 4-12 出行人物图 7 S8：R4、R5、R6

S8：R4 为一头梳双髻，侍立微笑的侍女形象；S8：R5 为一双手合抱伞盖的青年男子形象；S8：R6 为一插手站立的青年男子形象（图 4-12）。

S8：R7-9 为一组，中部有一肩舆，肩舆外形如椅。肩舆前面站一老者形象，后面站两青年男子，似在攀谈（图 4-13）。

S8：R10 为一右手托举鸟笼的青年男子形象（图 4-14）；S8：R11 为一双腿跪伏的官员形象（图 4-15）。

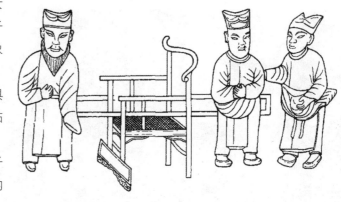

图 4-13　出行人物图 8　S8：R7、R8、R9

图 4-14　出行人物图 9　S8：R10

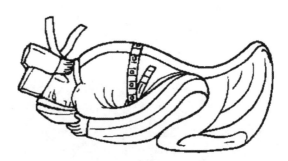

图 4-15　出行人物图 10　S8：R11

（采自翁雪花、刁文伟《江苏江阴市青阳镇里泾坝宋墓》，《考古》2008 年第 3 期）

图 4-16　人物轿舆图（左室左壁局部一）
　　　　将乐光明乡元代壁画墓

（采自徐光冀主编《中国出土壁画全集 10》，
　科学出版社 2012 年）

图 4-17　人物轿舆图（左室左壁局部二）
　　　　将乐光明乡元代壁画墓

（采自徐光冀主编《中国出土壁画全集 10》，
　科学出版社 2012 年）

　　福建将乐光明乡元代壁画墓中也绘有出行场面①。该墓左室左壁为一组《人物轿舆图》（图 4-16、图 4-17），轿子前面有二人，一为童子，身着宋装，双手拢于胸前躬身作揖拜状；另一人面对童子，持杖躬身，衣着宋装。轿子后面有二人，一人头戴四方瓦楞帽，双手捧酒盏，旁一人双手捧酒瓶。右壁绘一组《人物鞍马图》（图 4-18），最前边的是一位牵着鞍马疾走的蒙古族男子，其后还有三位蒙古族男子，皆作行走状。该墓右室两壁的出行场面残损严重，左壁仅在中间部分有轿舆和人物画残存，轿舆的造型与左室左壁的轿舆大体相似。右壁绘有犬、马鞍架等物。全墓壁画显示了较高的绘画水平及写实主义的艺术风范，是元代民间绘画中不可多得的珍贵资料。

---

①　杨琮：《福建将乐元代壁画墓》，《考古》1995 年第 1 期。

第四章 隋唐五代宋元明墓室壁画

图 4-18 人物鞍马图（左室右壁局部）将乐光明乡元代壁画墓　　图 4-19　寝室图 尤溪城关一中一号宋墓 北宋
（采自徐光冀主编《中国出土壁画全集 10》，　　　　　　　　（采自福建省博物馆等《福建尤溪发现宋代壁画墓》，
科学出版社 2012 年）　　　　　　　　　　　　　　　　　　《考古》1991 年第 4 期）

奏乐图

江苏淮安宋代杨公佐墓的中室内东、西两壁绘有吹奏乐人图。东壁四个女乐人，均梳高髻，戴花或耳饰，着长襦，依次吹笙箫、弹三弦、吹乐管、执如意；西壁五个女乐人，第一人作拱手状，可能是乐队首领，其余四人依次执拍板、琵琶、长笛、笙。这九人面部丰满圆润，有唐代遗风。这幅奏乐图为研究宋代音乐提供了宝贵资料[①]。

寝室图

福建尤溪城关一中一号宋墓的墓室西壁绘有墓主人生前居住的《寝室图》（图 4-19）。

---

① 罗宗真：《江苏淮安宋代壁画墓》，《文物》1960 年第 8、9 合期。

图 4-20　寝室图　尤溪城关一中二号宋墓　北宋
（采自徐光冀主编《中国出土壁画全集 10》，科学出版社 2012 年）

图 4-21　寝室图　尤溪城关一中二号宋墓　北宋
（采自徐光冀主编《中国出土壁画全集 10》，科学出版社 2012 年）

画面上部正中有一花边挂匾，匾上部及中间部分已遭人破坏。寝室房沿下有帷帘，下面两边为房门，中部有分开系于两边的流苏帷帐。帐内为卧床，床上有被褥、枕头和床单。床前下方有木制踏脚，下边置一盂。寝房门前左右两边卧有公鸡和狗。东壁画有建筑图，仅存残迹①。

福建尤溪城关一中二号宋墓的墓室西壁也有寝室图两幅。其中一幅《寝室图》（图 4-20）的正上方嵌圆形铜镜，下方绘一幅床帷幔帐，幔帐被丝带系于两边，床上有铺盖，床左边绘一矮凳，床正下方绘一只鸡。另一幅《寝室图》（图 4-21）与其相似，不同之处在床边矮凳绘于右侧。两幅画面仅用线描，未施彩绘。

尤溪梅仙宋代一号墓墓室南壁的《寝室图》（图 4-22）的内容更加丰富。此壁整幅绘一木构房屋，屋顶、梁柱、斗拱均涂金黄色。房屋下面，猩红色的帐幔从中间分开，系于柱上。帐内设床，床后壁有一四幅相连的水墨山水画屏，另在床前两

---

① 福建省博物馆、尤溪县博物馆：《福建尤溪发现宋代壁画墓》，《考古》1991 年第 4 期。

边各绘一侍女①。此外，尤溪麻阳宋墓、南平来舟宋墓的后壁，也可见类似图像。

仪卫图

福建尤溪城关一中一号宋墓的墓室北壁和南壁各对称地绘有6位人物的《仪卫人物》(图4-23、图4-24)②。两壁人物基本为并列安排，间隔宽度大体一致。每人之间间隔一壁龛，龛内嵌砌砖雕人物。如北壁第一人为络腮长须，戴黑色幞头，身着大红色圆领束袖袍服，双手执杖于胸前（图4-25)。又，南壁第二人捧物，头戴黑色展脚硬幞头，身着大红色圆领束袖长袍衫，系腰带，足穿翘头尖靴，双手于右胸前捧抱一圆筒状物，外有红布包裹（图4-26)。

三明市岩前村南宋壁画墓左壁的《仪卫图》(图4-27)保存较为完整。从左至右，第一人为拄杖老人，头戴进贤冠，着广袖袍；第二人为一袖手而立的老者；第三人为一戴巾肃立的青年男像；第四到第九人为戴高冠、手持笏板的文吏形象。此壁画墓在对人物形象的表现上，用笔准确、细腻流畅，造型生动且有韵致③。

图4-22 寝室图 尤溪梅仙宋代一号墓 北宋
（采自徐光冀主编《中国出土壁画全集10》，科学出版社2012年）

---

① 杨琮：《尤溪县梅仙宋代壁画墓》，《中国考古学年鉴·1990》，文物出版社，1991年，第229-230页。
② 福建省博物馆、尤溪县博物馆：《福建尤溪发现宋代壁画墓》，《考古》1991年第4期。
③ 杨琮、吴秀华：《福建三明市岩前村宋代壁画墓》，《考古》1995年第10期。

图 4-23　仪卫图（北壁）尤溪城关一中一号宋墓　北宋
（采自福建省博物馆等《福建尤溪发现宋代壁画墓》,《考古》1991 年第 4 期）

图 4-24　仪卫图（南壁）尤溪城关一中一号宋墓　北宋
（采自福建省博物馆等《福建尤溪发现宋代壁画墓》,《考古》1991 年第 4 期）

 第四章　隋唐五代宋元明墓室壁画

图 4-25　执杖仪卫图　尤溪城关一中一号宋墓　北宋
（采自徐光冀主编《中国出土壁画全集 10》，
科学出版社 2012 年）

图 4-26　捧物仪卫图　尤溪城关一中一号宋墓　北宋
（采自徐光冀主编《中国出土壁画全集 10》，
科学出版社 2012 年）

东部卷·江苏、浙江、福建、广东分卷

图 4-27　仪卫图　三明市岩前村宋代壁画墓　南宋
（采自徐光冀主编《中国出土壁画全集10》，科学出版社2012年）

图 4-28　捧物妇女图　将乐光明乡元代壁画墓
（采自徐光冀主编《中国出土壁画全集10》，科学出版社2012年）

庖厨图

福建将乐光明乡元代壁画墓右室右壁绘有庖厨图。画面上有三个妇女，手皆捧物，似在积极准备食物（图4-28）。三位女性身后绘有一张案桌，桌上摆有碗、小盅、小碟等餐具。餐桌右侧绘有一座双火膛的灶，火膛中有木柴，灶上架有两锅，左边的锅上置一木蒸桶，蒸桶上有竹编的盖，右边锅台旁置两个小罐、钵，灶前有木凳、火钳等物[1]（图4-29）。这幅庖厨图的生活气息十分浓郁，绘画线条简练流畅，展现了元代民间绘画的较高水平。

侍立人物图

福建松溪祖墩乡山元村元墓的墓室东壁有一幅《侍立人物图》（图4-30），画面上有三人抄手侍立，右为一女子，左为两男子，女子右侧绘颈挂铃铛的家犬，男女之间上有如意八宝的图案。绘画技法为墨线勾勒和浓淡晕染，技法娴熟，线条流畅[2]。

江苏淮安宋代一号墓的东、西两壁可能

---

[1] 杨琮：《福建将乐元代壁画墓》，《考古》1995年第1期。

[2] 杨敬伟：《松溪县发现元代壁画墓》，《福建文博》2009年第1期。

第四章 隋唐五代宋元明墓室壁画

图 4-29 庖厨图
将乐光明乡元代壁画墓
（采自徐光冀主编《中国出土壁画全集 10》，科学出版社 2012 年）

图 4-30 侍立人物图
福建松溪祖墩乡山元村元墓
（采自徐光冀主编《中国出土壁画全集 10》，科学出版社 2012 年）

东部卷·江苏、浙江、福建、广东分卷

描绘了墓主人家属和侍者为其设祭哀悼的场景（图4-31）。东壁正中画桌子一张，上面摆满食物、碗盘等各种物品。桌子两旁有高椅，右侧椅子旁的男子披发，梳童髻，髻上系带，着长衫，叉手立。其右旁又有一桌，桌后立一双手持物的侍女，桌下有一披发小童，弯腰蹲立在一炉旁暖酒。桌左侧的女子梳高髻，其左旁另有一桌，桌后立二侍，一男侍戴头巾，着圆领衫，手提酒罐，一女侍梳髻，着长衫，手捧一壶。西壁也绘有桌子、椅子等物，还有三位面庞丰满的妇女，可能是墓主人的妻妾，正率侍女步出内房去灵堂祭奠而呈现哀悼的样子。整个画面工整秀丽，线条柔和，表现手法娴熟，尤以各人的面部画得细致、传神，艺术价值颇高①。

二、宗教思想类

宗教思想类的题材内容主要有四神、十二辰像、星象图和日月图等。尤其是四神和十二辰像的题材，两者总是组合出现，在福建宋代墓室壁画中堪称一大特色，其地域性特征十分鲜明。

四神图

四神图像多只出现青龙和白虎，同时出现的情况较为少见。比如，福建将乐光明乡元代壁画墓的左室左壁有一幅《青龙图》（图4-32）。龙头角部分遭破坏，龙身两侧有形如火焰状的双翼。浑身鳞甲，四爪，背部有火焰状竖纹，尾部粗大，突收为秃尾。这条青龙形象生动，线条流畅，气势磅礴。在龙背上方还有密集的流云，云彩中有的涂染黄彩②。

四神同时出现，较早见于浙江临安五代吴越国康陵。在该墓后室三壁及墓门背面中部浅浮雕四神，并用不同的色彩勾勒彩绘。左壁为《青龙图》（图4-33），身体修长，昂首腾跃，龙尾微微上翘，如腾云驾雾，用红、白线条勾勒整体轮廓，全身大部涂抹青

---

① 罗宗真：《江苏淮安宋代壁画墓》，《文物》1960年第8、9合期。
② 杨琮：《福建将乐元代壁画墓》，《考古》1995年第1期。

第四章　隋唐五代宋元明墓室壁画

人物图1

人物图2

人物图3

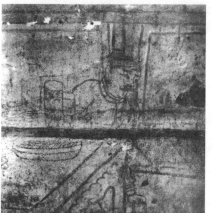

人物图4

东部卷·江苏、浙江、福建、广东分卷

图 4-31 人物图 1~8 江苏淮安宋代一号壁画墓 公元 1060 年
(采自徐光冀主编《中国出土壁画全集 10》,科学出版社 2012 年)

蓝色，上下唇及眼睛用金箔装饰。右壁为张牙舞爪的《白虎图》（图4-34），动作形态与青龙相似，虎的唇、眼、耳及颈部用金箔装饰，用红色勾勒外廓，内涂白色并以黑色线条绘出斑纹。墓门背面上部龛内雕刻《朱雀图》（图4-35），通体着朱红色，昂首，挺胸，展翅，富有立体感。后壁上部雕刻《玄武图》（图4-36），龟体着黑色，唇部及龟甲边缘贴金箔，一条通体施金箔的蛇缠绕龟体，俯首。龟蛇两首相对，红舌外吐，色彩对比强烈①。

另在福建三明市岩前宋代一号壁画墓②和江苏江阴市青阳镇里泾坝宋墓③的石椁上也画有完整的象征方位、趋利辟邪的四神图像。

十二辰像

十二辰像在浙江、福建和江苏三省都有发现，但不同地区的图像各具本地特色。

---

① 张玉兰：《浙江临安五代吴越国康陵发掘简报》，《文物》2000年第2期。
② 杨琮、吴秀华：《福建三明市岩前村宋代壁画墓》，《考古》1995年第10期。
③ 翁雪花、刁文伟：《江苏江阴市青阳镇里泾坝宋墓》，《考古》2008年第3期。

图4-32 青龙图 福建将乐光明乡元代壁画墓
（采自徐光冀主编《中国出土壁画全集10》，科学出版社2012年）

图4-33 青龙图 浙江临安吴越国康陵 公元939年
（采自杭州市文物考古研究所等编著《五代吴越国康陵》，文物出版社2014年）

图 4-34　白虎图
浙江临安吴越国康陵　公元 939 年
（采自杭州市文物考古研究所等编著
《五代吴越国康陵》，文物出版社 2014 年）

图 4-35　朱雀图
浙江临安吴越国康陵　公元 939 年
（采自杭州市文物考古研究所等编著
《五代吴越国康陵》，文物出版社 2014 年）

第四章　隋唐五代宋元明墓室壁画

浙江杭州和临安几座五代吴越国的壁画墓中均有十二辰像。比如临安吴越国康陵，在该墓后室三壁及门背面下部共设十二个壸门形龛，龛内雕刻十二辰像。自左壁正中的"子"位开始，顺时针方向排列：左壁自左向右为亥（猪）、子（鼠）、丑（牛）（图 4-37）；门背为寅（虎）、卯（兔）、辰（龙）（图 4-38）；右壁为巳（蛇）、午（马）、未（羊）（图 4-39）；后壁为申（猴）、酉（鸡）、戌（狗）（图 4-40）。每像各居一龛，头戴冠，面部表情各异，身穿袍服，双手拱于胸前，分别抱十二生肖动物于怀中，这十二辰像还涂有黑、白、红等色彩①。

福建壁画墓中所有十二辰像均为头戴生肖动物冠的人物形象，而且基本都是宋代文吏的服饰和造型②，较为典型者如尤溪麻洋宋壁画墓③和尤溪梅仙宋代二号壁画墓④等。

兹以尤溪麻洋宋壁画墓为例。其后室两壁绘有十二辰像，但残毁严重。现能辨右壁绘两个并排而立的人物，两人皆立于云端。左边一人头戴羊头形冠，身着灰色广袖士人服，双手执笏于胸前，其头上方存有墨书"未"字。右边一人头戴猴形冠，身着白色敞

图 4-36　玄武图 浙江临安吴越国康陵 公元 939 年
（采自杭州市文物考古研究所等编著《五代吴越国康陵》，文物出版社 2014 年）

---

① 张玉兰：《浙江临安五代吴越国康陵发掘简报》，《文物》2000 年第 2 期。
② 杨琮：《福建宋元壁画墓初步研究》，《考古》1996 年第 1 期。
③ 杨琮：《福建尤溪麻洋宋壁画墓清理简报》，《考古》1989 年第 7 期。
④ 杨琮：《尤溪县梅仙宋代壁画墓》，《中国考古学年鉴·1990》，文物出版社，1991 年，第 229-230 页。

东部卷·江苏、浙江、福建、广东分卷

亥（猪）　　　　　　　　子（鼠）　　　　　　　　丑（牛）

图 4-37　十二辰像（后室左壁）　浙江临安吴越国康陵　公元 939 年
（采自杭州市文物考古研究所等编著《五代吴越国康陵》，文物出版社 2014 年）

寅（虎）　　　　　　　　卯（兔）　　　　　　　　辰（龙）

图 4-38　十二辰像（门背）　浙江临安吴越国康陵　公元 939 年
（采自杭州市文物考古研究所等编著《五代吴越国康陵》，文物出版社 2014 年）

 第四章　隋唐五代宋元明墓室壁画

巳（蛇）　　　　　　　　　午（马）　　　　　　　　　未（羊）

图 4-39　十二辰像（后室右壁）　浙江临安吴越国康陵　公元 939 年
（采自杭州市文物考古研究所等编著《五代吴越国康陵》，文物出版社 2014 年）

申（猴）　　　　　　　　　酉（鸡）　　　　　　　　　戌（狗）

图 4-40　十二辰像（后室后壁）　浙江临安吴越国康陵　公元 939 年
（采自杭州市文物考古研究所等编著《五代吴越国康陵》，文物出版社 2014 年）

东部卷·江苏、浙江、福建、广东分卷

领士人服,其上墨书"申"字。左壁残存三人,形式大体与右壁相似。最左一人仅存一点衣痕,其余两个面貌比较清楚(图4-41)。右边一人头戴马头形冠,身着紫色士人服,襟、袖亦饰黑边。其左者头戴蛇形冠饰,脸颊尚存浅朱色渲染痕,身着白色士人服,下身长裙曳地。二人均双手执笏于胸前。

与福建宋墓十二辰壁画不同的是,江苏江阴市青阳镇里泾坝宋墓的十二辰像刻于石椁的四壁,十二位立像人物均呈拱手捧笏状,头戴方形幞头,身着宽袖长袍,象征十二生肖的动物形象不在头冠上,也不是捧在胸前,而是刻于每个人物的身旁①。

星象图

星象图在浙江和江苏晚唐五代时期的壁画墓中较为常见,且多绘刻于后室顶部,或线刻或彩绘,有的还贴有金箔。如浙江临安晚唐钱宽墓,星象图绘在白灰抹就的后室顶部,内容为二十八宿和北斗,二十八宿按四象方位分布四周。画面上现存一百七十星,包括传统星象中的正座二十九座一百五十四星和附属星座八座十六星。箕宿附近因盗洞缺十三星,毕宿少画一星。若与记载传统星象的《步天歌》比较,该幅星象图还少画附属星座四座七星②。

图4-41 十二生肖图(左壁局部)尤溪麻洋宋代壁画墓 北宋
(采自徐光冀主编《中国出土壁画全集10》,
科学出版社2012年)

---

① 翁雪花、刁文伟:《江苏江阴市青阳镇里泾坝宋墓》,《考古》2008年第3期。
② 陈元甫、伊世同:《浙江临安晚唐钱宽墓出土天文图及"官"字款白瓷》,《文物》1979年第12期。

康陵后室顶部刻有星象图,对照《步天歌》,这幅星象图仅缺少尾宿神宫星,而在井宿则多刻1星,比钱氏家族墓发现的天文星象图更加准确、更加完整,而且这是我国目前已知最早的一幅石刻星象图,它充分反映了五代吴越国在天文学方面的突出成就①。

南唐李昪钦陵后室顶部绘有满壁星空的《星象图》(图4-42):东有红日,西有素月,南北有南北斗,周围布满星宿,均以朱色线条勾画相连②。

江苏金坛南宋周瑀墓的棺盖面板上绘有星象图。棺板上部左边绘日,右边绘月,正中有一朵莲花。莲花之下有一条略为偏斜的波涛翻滚的河汉,以示"天河";中部画着并排的两个"亞"形,一节一幡以及一鸡一马;最下部画山岳。整幅图面的中上部满布星星,大多以线相连为"星宿",象征着天空。该幅星象图的星空中有莲花,应是佛教思想的反映,表示墓主死后升往佛国净土。"亞"形是画在丧事仪仗翣上的图案,以示驱疫。节和幡皆为丧事之仪仗,节是引路用的,幡是招死者亡魂用的,也都是表示将死者接引上天,所以这完全是一幅墓主人幻想死后升天的景象③。

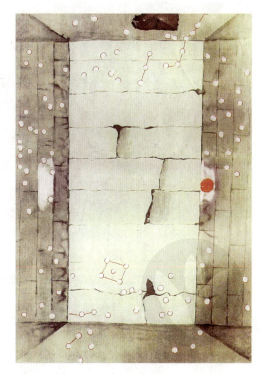

图4-42 星象图(摹本)
南京南唐高祖李昪钦陵 公元943年
(采自徐光冀主编《中国出土壁画全集10》,
科学出版社2012年)

---

① 张玉兰:《浙江临安五代吴越国康陵发掘简报》,《文物》2000年第2期。
② 会昭燏、张彬:《南京牛首山南唐二陵发掘记》,《科学通报》1951年第5期。
③ 肖梦龙:《江苏金坛南宋周瑀墓发掘简报》,《文物》1977年第7期。

日月图

福建松溪祖墩乡山元村元墓的日月图绘于墓室北壁。左边为《月轮图》(图 4-43),月中有桂树,树下为玉兔捣药;右侧为《日轮图》(图 4-44),日中有三足金鸡。日月周围则祥云缭绕①。

福禄寿三星图

《福禄寿三星图》(图 4-45) 仅见于福建将乐光明乡元代壁画墓。在该墓左室后壁的半圆形墙壁上,福禄寿三神仙的画像均衡排列。从正面看,三仙中右为寿星,额头长大饱满,脑后扎巾结,面部有须髯,身着道服,双手拱于胸前,怀抱一卷轴,卷轴上书有"注寿"二字,身边绘仙鹤;中间为一方脸膛的福星形象,亦着道服,头戴冠巾,手执羽扇;左为双手执笏板侧身而立的禄星,其面部和头部部分被破坏,从束发的发式上看,应为戴冠形象,他身着宋代文官或高士

图 4-43 月轮图 福建松溪祖墩乡山元村元墓
(采自徐光冀主编《中国出土壁画全集10》,科学出版社 2012 年)

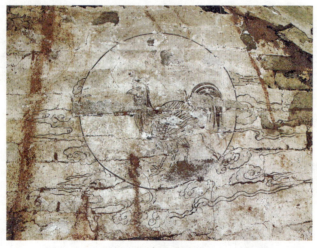

图 4-44 日轮图 福建松溪祖墩乡山元村元墓
(采自徐光冀主编《中国出土壁画全集10》,科学出版社 2012 年)

---

① 杨敬伟:《松溪县发现元代壁画墓》,《福建文博》2009 年第 1 期。

常着的广袖长服，身边绘鹿。三星呈品字形安排，再加上两侧的鹤、鹿，整个画面构图在半圆形墙壁上布置得十分匀称得体①。

值得一提的是，这幅三星图系我国墓室壁画中的孤例，因此它在中国美术史上具有重要意义，对解决福禄寿民间神像图画出现的时代，有着极为重要的参考价值②。

三、装饰纹样类

浙江和江苏晚唐五代壁画墓中的装饰纹样以牡丹花、云气纹和火焰纹为主，尤以大朵艳丽开放的牡丹花最具特色。杭州五代钱元瓘墓、吴汉月墓，以及临安钱元玩等墓中的牡丹花多绘于墓壁边沿处，这些牡丹花以一大一小组成，上面着有颜色，大花心施金色，花瓣涂红色，叶着石绿色；小花着色不同，花瓣红色，叶金色③（图4-46）。

图 4-45　福禄寿三星图　福建将乐光明乡元代壁画墓
（采自徐光冀主编《中国出土壁画全集10》，科学出版社2012年）

图 4-46　过道拱券彩绘
浙江临安晚唐钱宽夫人水邱氏墓　公元901年
（采自浙江省文物考古研究所等编著《晚唐钱宽夫妇墓》，文物出版社2012年）

---

① 杨琮：《福建将乐元代壁画墓》，《考古》1995年第1期。
② 杨琮：《福建宋元壁画墓初步研究》，《考古》1996年第1期。
③ 浙江省文物管理委员会：《杭州、临安五代墓中的天文图和秘色瓷》，《考古》1975年第3期。

图 4-47 牡丹树（中室）
浙江临安吴越国康陵 公元 939 年
（采自徐光冀主编《中国出土壁画全集 10》，
科学出版社 2012 年）

临安康陵墓室中的装饰十分精美华丽。在前室两耳室的三壁各绘一株朱红色牡丹，前室左侧及后端转角上方绘有三组斗拱，后侧门券上也绘有朱红色缠枝牡丹花。中室左右两壁均绘有彩色图案（图 4-47），每壁两上角绘红绿色云气纹，两下角绘红色火焰形图案。两壁中部绘盛开的牡丹，花均红色，色泽鲜艳夺目。牡丹花蕊用菱形金箔点缀，以绿叶衬托。枝干近根部贴饰十余枚圆形金箔，根以红绿云气纹组成。后室左右壁及后壁的上部雕刻并彩绘上下两层宽带状牡丹图案（图 4-48、图 4-49）。上层为缠枝牡丹，下层在覆莲瓣纹中刻一大朵牡丹花。底色均为红色，用金箔装饰莲瓣边线，白色勾勒花蕊、花叶及花瓣轮廓，牡丹花蕊及花叶绘绿色，花瓣红色。整个画面色彩艳丽，绘刻细致、工整①。

与中原北方地区不同的是，福建宋、元壁画墓中少用装饰，可能和当地民间习俗有关。但江苏淮安宋墓②和南京南宋周国太夫人墓③中刻绘有缠枝草叶纹、垂云纹和云纹等装饰图案。

此外，江苏徐州大山头元代画像石墓的画像内容以各种花纹和人物为主。尤其是墓室后壁的两块七格画像布局方法与绘画中的七幅屏处理手法极为相似，恍若整幅娟秀的工笔花卉图，每格画面既可独立，又可相互合而为一，从而深化了画面的内涵④。

① 张玉兰：《浙江临安五代吴越国康陵发掘简报》，《文物》2000 年第 2 期。
② 罗宗真：《江苏淮安宋代壁画墓》，《文物》1960 年第 8、9 合期。
③ 南京市博物馆、江宁区博物馆：《江苏南京南宋周国太夫人墓》，《东南文化》2010 年第 4 期。
④ 邱永生、徐旭：《江苏徐州大山头元代纪年画像石墓》，《考古》1993 年第 12 期。

图 4-48　缠枝牡丹和宝相花 浙江临安吴越国康陵 公元 939 年
（采自杭州市文物考古研究所等编著《五代吴越国康陵》，文物出版社 2014 年）

图 4-49　前室彩绘斗拱及中室墓门拱券彩绘
浙江临安吴越国康陵 公元 939 年
（采自杭州市文物考古研究所等编著
《五代吴越国康陵》，文物出版社 2014 年）

第四节　海上丝绸之路对隋唐五代宋元明墓室壁画的影响

隋唐封建统一国家的再造，以及之后我国经济重心的逐渐南移，为海上丝路的兴盛提供了坚实的物质基础；而陆上丝路的阶段性阻滞，又加强了海上丝路的地位和作用，促使它走向兴盛。隋唐政府对海外贸易采取保护、鼓励、开明政策，吸引外商到来。唐政府在广州首设市舶院，征收关税，从此成为国家财政收入重要来源，海上丝路由此被置于重要地位①。

宋朝承袭唐朝与五代时吴越、闽、南汉、南唐等政权的海上活动，与东南亚、南亚以及中东地区往来甚密。宋船与唐舶一样，远航至波斯湾港口，或已抵达红海。元朝也高度重视对海外的经略，并极力开拓东西海上交通。这时西向航行的中国船只多直接驶往波斯湾诸港口，并进入红海水域及东非诸港。可以说，元人基本控制了中国与印度洋沿岸各国间的海上交通②。明代郑和下西洋将海上丝绸之路的发展推向了高潮。清代，随着中央政权海禁、闭关锁国等政策的实施，海上丝绸之路逐渐衰落。

从这一阶段墓室壁画的图像内容来看，基本上都是当地民风民俗的反映，鲜见海外文化对其产生较为直接的影响。究其缘由，一方面，可能和墓室壁画遗存较少有关，唐宋元墓室壁画的中心均在中原北方地区。另一方面，以福建地区为主的宋代壁画墓受北方影响很大，因为"北方地区一直流行仿木结构砖室壁画墓，但是闽江流域却没有仿木

---

① 司徒尚纪、许桂灵：《中国海上丝绸之路的历史演变》，《热带地理》2015 年第 5 期。
② 马建春：《海上丝绸之路的历史贡献》，《社会科学战线》2016 年第 4 期。

结构墓葬的传统。南迁百姓来到此地后，可能就将北方的墓室壁画葬俗保留了下来，因此壁画墓相对丰富起来，而且在壁画题材上，北方地区的执杖仪卫、文吏等内容也较为常见。"①

由此可见，随着中原民众的南渡，他们将家乡的葬俗也带到了新的生活环境，但由于东南与中原文化存在差异，因此在中原地区常见的反映墓主生活的开芳宴、启门、侍奉等，表现儒家孝道的二十四孝，以及展示墓主生活环境的门、窗、桌椅等题材，在东南地区均不见，具体原因还值得进一步挖掘。

---

① 吴敬：《南方地区宋代墓葬研究》，社会科学文献出版社，2015年，第152页。